创新创业教育背景下
高校人才培养模式研究

王　瑶◎著

中国出版集团　现代出版社

图书在版编目(CIP)数据

创新创业教育背景下高校人才培养模式研究 / 王瑶
著. -- 北京 : 现代出版社, 2022.11
ISBN 978-7-5231-0018-9

Ⅰ.①创… Ⅱ.①王… Ⅲ.①高等学校－创业－人才
培养－培养模式－研究－中国 Ⅳ.①G640

中国版本图书馆 CIP 数据核字(2022)第 222405 号

创新创业教育背景下高校人才培养模式研究

作 者	王 瑶	
责任编辑	姚冬霞	
出版发行	现代出版社	
地 址	北京市安定门外安华里 504 号	
邮政编辑	100011	
电 话	010-64267325 64245264(传真)	
网 址	www.1980xd.com	
电子邮箱	xiandai@vip.sina.com	
印 刷	武汉贝思印务设计有限公司	
开 本	787mm ×1092 mm 1/16	
印 张	12.75	
字 数	210 千字	
版 次	2022 年 11 月第 1 版 2022 年 11 月第 1 次印刷	
书 号	ISBN 978-7-5231-0018-9	
定 价	47.00 元	

作者简介

　　王瑶(1983—),女,汉族,河南开封人,硕士研究生,2009年毕业于郑州大学马克思主义学院思想政治教育专业,获得法学硕士学位。现为黄河水利职业技术学院马克思主义学院讲师,主要讲授《思想道德与法治》《形势与政策》《大学生就业指导》等课程,并从事大学生思想政治教育、创新创业教育等方面的研究。发表了《我国农村镇域精准扶贫政策执行及其效果研究》等十余篇文章,参与撰写《大学生创新教育与管理》《大学生心理健康》等多部教材,主持《黄河文化价值引领视域下高职学生文化素养提升研究》等厅级以上科研项目十余项。

◇◇ 前 言 ◇◇

在高等教育大众化的大环境下，高等学校毕业生的规模随之逐年增加，大学毕业生就业形势日趋严峻，要从根本上扭转大学生就业难、层次低的困境，应该从更新转变学生的就业择业观念入手，切实推进高校学生从被动就业向自主创业转变。

随着"大众创业、万众创新"趋势的蓬勃兴起，创新创业已成为激发全社会创新潜能和创业活力的有效途径。我国的创新创业教育机制研究工作已开展了很多年，并取得了一定的成果，但随着我国社会经济的发展增速放缓，大学毕业生的就业压力不断增大，如何提高大学生的创新创业能力对解决我国的经济和社会问题变得尤其重要。

当前，我国已经建成了世界上最大规模的高等教育体系，为现代化建设做出了巨大贡献。但随着经济发展进入新常态，人才供给与需求关系发生了深刻变化，面对经济结构深刻调整、产业升级步伐加快、社会文化建设不断推进，特别是创新驱动发展战略的实施，迫切要求高校转型发展，建立适应生产服务一线紧缺的应用型、复合型、创新型人才培养机制，调整人才培养结构，提高人才培养质量，以适应经济结构调整和产业升级的要求。

经济全球化的实质是一场"人才的革命"，对人才提出了更高、更新的要求。我国要想在未来的国际经济浪潮中赢得主动权和发展先机，关键是培养大批能够适应经济全球化的各行业创新创业人才和高素质劳动者。为加快建设创新型国家的进程，缓解大学生日益严峻的就业压力，高校必须积极开展创新创业教育,构建多元化的创新创业人才培养模式。

　　大学既是创新的源泉,也是创新的引擎。在高校开展创新创业教育关系到学生创新精神的树立、创业能力的培养以及自主创新理念的养成,关系到国家的发展和民族的活力。加强创新创业教育,培养具有人文精神、科学思维、实践能力和创新创业素质的人才是新时代赋予现代大学的历史使命。

　　创新创业教育是一项可以复制的工程,在探索适合高校创新创业教育与专业教育深度融合人才培养模式的基础上,对高校创新创业人才培养教育进行全面的研究,找出能为高校所用、能为社会所用的创新创业教育方法,以期为高校创新创业人才培养提供更多的借鉴与指导,实现高校人才培养质量的提高,从而进一步推动中国教育事业的发展。

◇◇ 目 录 ◇◇

第一章 创新创业教育初探

联合国教科文组织在《21世纪的高等教育：展望与行动世界宣言》和《高等教育改革与发展的优先行动框架》中提出，必须把培养学生创业技能和创新精神作为高等教育的基本目标。教育部在《关于大力推进高等学校创新创业教育和大学生自主创业工作的意见》中指出，大学生是最具创新、创业潜力的群体之一，要在高等学校中大力开展创新创业教育。创新创业教育是高等教育适应经济社会和国家发展战略需要的一种教学理念与模式，将成为高等教育国际化的新趋势。

第一节 创新与创业的含义及其相互关系

创新、创业是两个紧密联系、密切相关的概念。人们的创业活动离不开创新，没有创新，缺乏创新精神、创新能力，创业者很难取得竞争优势；创业是创新的表现形式和载体，是将创新成果推向市场的重要路径。创业和创新水平是反映一个国家和地区经济活跃程度及发展后劲的重要指标。

一、创新的含义

创新是近年来使用最频繁的词汇之一，但在国内外传媒和有关书籍中却又众说纷纭。有人认为创新就是创造，把创新和创造视为同义词。而有人却认为，两者根本就是两个不同的概念，不能混为一谈。从词源来看，在我国古代《汉书·叙传下》中，就有"创，始造之也"之说。历史上最早与创合用的是"创造"两字，我国《辞海》中对创造的解释为"首创前所未有的事物"，它特别强调其独创性和首创性。创新是一个外来词，是知识经济时代大力弘扬的理念。由于创新活动首先是一种经济行为，所以对创新的理解，应从经济学范畴里探源,根据经济学理论予以解读。创新是当代经济学的一个重要概念,具有十分丰富的内涵。首先提出这一概念的是美籍奥地利经济学家约瑟夫·阿罗斯·熊彼特(Joseph Alois Schumpeter,1883—1950)。他在其1912年德文版《经济发展理论》中,首先使用创新(innovation)一词。他将创新定义为新的生产函数的建立,即企业家实行对生产要素的新的组合。它包括以下五种情况:一是引入一种新产品或提供一种新的产品质量;二是采用一种新的生产方法;三是开辟一个新的市场;四是获得一种原料或半成品的新的供给来源;五是实行一种新的企业组织形式。人们之所以要进行这些方面的创新,是因为经济原因,即强烈的利润动机和潜在的利润前景的驱使。他说过一句名言:创新是资本主义的永动机。①

通过经济学理论的分析可知,创新的基本含义有两点:一是引入,二是革新。较为完整的表述是:创新是指新的生产要素的重新组合或再次发现的知识被引入经济系统的过程。按照这一理解,创造本身并不是创新,只有把创造成果引入经济系统产生效益才是创新。

创新和创造这两个词在英文中也是不同的,"创造"为"create"或"creation","创新"为"innovate"或"innovation"。把经济领域中的创新概念拓展、延伸到政治、文化、教育、管理等各个领域,其含义主要包含以下要点。

第一,创新是将新设想或新概念发展到实际应用和成功应用的阶段,是创造的某种价值的实现。按照当代国际知识管理专家艾米顿对创新的定义,认为创新就是从新思想到行动(new idea to action),它首先关注的是现实效益的转化。这里所指的效益,不仅是指经济效益,而且包括广泛的社会效益、单位和部门利益及个人利益。

第二,创新是运用知识或相关信息创造和引进某种有用的新事物的过程。其中的创造性过程,是从发现潜在的需要开始,经历新事物的可行性检验,到新事物的广泛应用为止。作为一种引进新事物的过程,既指被引进的新事物本身,具体来说就是被认定的任何一种新的思想、新的实践或新的制造物,同时也包括对一种组织或相关环境的新变化的接受过程。这里所指的事物既可以是物质形态的产品、工艺和方法,也可以是精神形态的思想、观念和理论等。

①胡松年.国外大学生创业教育的发展与特点[J].高教发展与评估,2010(4):13-17.

第三,除"创造"和"引进"这两种方式以外,创新还可以通过对已有事物的改进、完善、扩展和延伸获取收益。创新既可以将创造成果推向市场,也可以是建立在已有事物的基础上,推动事物发展,生产新成果,形成新效益的创造性活动。

把创新理解为经济概念的重要性,在于探讨创新与经济增长的关系。以亚当·斯密为代表的古典经济学派认为,高储蓄率导致生产资料的积累而使经济增长,但是如果没有新技术创新和改进的持续注入,基于边际收益递减规律,当经济投入达到一定程度后其效益将呈现迅速下降的趋势。因此,古典经济学家所提倡的储蓄和投资所带来的收益必定是有限的。根据创新理论的研究,经济增长的过程是靠经济周期的变动来实现的,而经济周期变动的原因在于创新。利益推动创新,创新刺激投资引起信贷扩张,扩大对生产资料的需求,从而推动经济走向繁荣。在此过程中,有许多新资本的投入,而同时那些适应能力差或行动迟缓的企业则被挤垮。因此,创新既推动经济增长,同时也造成对旧资本的破坏。熊彼特曾用"具有创造性的毁灭过程"来概述"创新"在促进经济增长中的巨大作用。

在熊彼特创新概念的基础上,人们进一步演绎提出技术创新、产品创新、过程创新、营销创新、市场创新、制度创新、体制创新和金融创新等一系列概念,并将企业的微观创新活动上升到国家宏观层次,把各种创新活动看作一个系统和整体,进而提出国家创新体系的概念。

我国国民经济和社会发展第十个五年计划纲要首次提出:"建设国家创新体系";"建立国家知识创新体系,促进知识创新工程";实施"跨越式发展"的宏伟战略。《国家中长期科学和技术发展规划纲要(2006—2020年)》中指出:国家科技创新体系是以政府为主导、充分发挥市场配置资源的基础性作用、各类科技创新主体紧密联系和有效互动的社会系统。国家科技创新体系主要由创新主体、创新基础设施、创新资源、创新环境、外界互动等要素组成。国家"十一五"科学技术发展规划提出:要建设以企业为主体的技术创新体系,建设科学研究与高等教育有机结合的知识创新体系,建设军民结合、寓军于民的国防科技创新体系,建设各具特色和优势的区域创新体系,建设社会化、网络化的科技中介服务体系。目前,我国已基本形成了政府、企业、高校及科研院所、技术创新支撑服务体系四角相倚的创新体系。在整个国家创新体系中，企业作为经济活动的主体，也是创新的主体，其关键是进行技术创新。中共中央、国务院《关于加强技术创新，发展高科技，实现产业化的决定》指出："技术创新，是指企业应用创新的知识和新技术、新工艺，采用新的生产方式和经营管理模式，提高产品质量，开发生产新的产品，提供新的服务，占据市场并实现市场价值。"据此，技术创新不仅是一种生产技术活动，而是种经济活动，其实质是为企业生产经营系统引入新的技术要素，以获得更多的利润；技术创新的关键不是研究与开发，而是研究与开发成果的商品化；技术创新的内容包括产品创新、过程创新和服务创新。尽管企业创新需要政府和教育、科研机构等为之提供各种支持和帮助，但所有这一切归根结底都是为企业创新服务的。国民经济的发展需要依靠作为其基本生产单位的企业的不断创新和发展来实现。

二、创业的含义

创业研究在过去的几十年里引起各国学者关注，虽然取得了丰富的研究成果，但多数创业研究专注于创业的某个方面，如创业环境、创业过程、创业资源、创业者特质或创业政策等，因此如何给创业下定义，如何界定创业的内涵和范围等，学界至今仍然未能给出一个清晰的框架。实际上，创业是一个复杂的社会现象，涉及多个学科、多个层面，其研究的学科包括社会学、经济学、管理学、心理学、教育学、人类学和历史学等。在中西文化中，"创业"有两种表达方式：entrepreneurship 和 enterprise，其中 entrepreneurship，意思是"企业家""企业家精神、创业精神等"，enterprise 的含义在《英汉双解剑桥国际英语词典》中为"企业，事业，尤指可获利的艰巨的计划"，据此，创业可视为创立企业的过程，其意集中在经济活动与财富增长方面。我国《辞海》对创业的定义为："创业，创立基业。"这里的"基业"是指事业的基础、根基。"创立基业"指开拓或创立个人、集体、国家的各项事业以及所取得的成就。"创业"含义宽泛，从"创业"这个概念的汉语使用方法来看，主要强调以下三个方面：一是强调开端和初创的艰辛和困难；二是突出过程的开拓和创新；三是侧重于在前人的基础上有新的成就和贡献。

基于不同的视角，学者们对创业所给出的阐述虽然具有一定的局限性，但对全面理解创业很有裨益。

一是从识别机会能力的视角：Knight（1921）认为创业就是承受不确定性和风险而获取利润；Kiriler（1973）认为创业就是正确地预测下一个不完全市场和不均衡现象在何处发生的套利行为与能力；Leibenstem（1978）认为创业是比你的竞争对手更明智、更努力工作的能力；Stevenson、Roberts 和 Grousbeck（1985）认为创业就是洞察机会的能力，而不是已控制的资源驱动了创业；Conner（1991）认为创业按资源观点从根本上来说是辨识合适投入的能力，这个能力属于创业者的远见和直觉，但在目前，这种远见下的创造性行为却还没成为资源理论发展的重点。他们的共同点在于：创业是一种为获取利益而洞察机会的能力，是一个在不确定的环境中进行机会识别，获取利润的活动。

二是从创业者个性（心理特质）视角：William D. Bygrave（1989）认为创业就是首创精神、想象力、灵活性、创造性、乐于理性思考和在变化中发现机会的能力。

三是从获取机会视角：Stevenson、Roberts 和 Grousbeck（1994）认为创业就是不顾现有可控制的资源而寻求和利用机遇；Shane 和 Venkataraman（2000）认为创业就是发现和利用有利可图的机会；The US National Commission on Entrepreneurship（2003）认为创业是不断地变化会产生创造财富的新机会，（创业就是）经济（主体）利用这些新机会的方式。其共同点在于：创业是一个寻求和利用机会、创造财富的过程。

四是从创建新组织与开展新业务的活动视角：Schumpeter（1934）认为创业是实现企业组织的新组合——新产品、新服务、新原材料来源、新生产方法、新市场和新的组织形式；Cole（1968）认为创业是发起、维持和开展以利润为导向的有目的的业务活动；Vesper（1983）认为创业就是开展独立的新业务；Gartner（1985）认为创业就是新组织的创建；The Academy of Management（1987）认为创业就是创办和管理新业务、小企业和家族企业；Low 和 Macmillan（1988）认为创业就是创办新企业。其共同点在于：创业是组织的新组合或新组织的创建。可见，西方创业学家普遍认为创业是一个发现和捕获市场机会并由此创造出新产品或新服务并实现其潜在价值的过程，是一个创造、增长财富的动态过程，是一个新组织的创建过程。

我国复旦大学李志能学者认为，创业是一个发现和捕获机会并由此创造出新颖的产品、服务或实现其潜在价值的过程;南开大学张玉利教授认为,创业是基于创业机会的市场驱动行为过程,是在可控资源匮乏前提下的机会追求和管理过程,是高度综合的管理活动,表现为创业者以感知创业机会和识别能力为市场带来新价值的创新性产品或服务概念为基础,引发创业者抓住机会,并最终实现新企业生存与成长的行为过程。我们认为,创业可从广义和狭义两方面理解,广义的创业是开拓或创立个人、集体、国家的各项事业以及所取得的成就;狭义的创业就是创立一个新企业,可分为生存型创业和机会型创业。生存型创业是创业者出于生存目的为获得个人基本生存条件不得已而选择的创业形态,呈现低成本、低门槛、低风险、低利润、无力用工等特征;机会型创业是通过发现或创造新的市场机会,为追求更大发展空间通过新产业的开拓实现对新市场的开拓的创业形态,呈现创业起点高,对经济社会的推动力大,市场空间大,造就的就业岗位多,利润高、风险大等特征。创业过程一般分为机会识别与机会开发两个阶段。

第一,机会识别。一般具有创业动机的个体在获取初始创意之时,即开始了机会识别。Vesper(1989)区分了创意的两种来源:一种是意外发现,一种是经过深思熟虑才发现。他观察到大多数创意是碰运气发现的,而多数创意是从职业中产生,但也可能是从业余爱好、社交或步行观察中发现的。trac 等(1989)揭示了与机会识别过程的8个要素:正式计划、正式评价、市场与技术驱动、细致调查、意外发现、先前职业、创新与改进、信息调查。

第二,机会开发。根据Weber的观点,要创业首先要有一个能够成功或有能力开发可盈利机会的现代企业或组织;创业过程表现为一个机会识别、机会评价、决定开始并以资源获取结束的连续过程。De Koning(1999)认为发现机会识别过程和必要资源的评估是相互交叠的,在这一转变过程中,创业家开发必要的资源并控制好资源的运作。

综上所述,创业是一个过程,创业过程受到政治、经济、文化等社会或环境因素的影响;创业过程由机会发现、机会评价、机会开发和创业结果等组成,创业中的市场调研是创业机会发现和评价的基础;创业旨在创造出新颖的产品、服务或实现其潜在价值。在创业过程中,个体创业家是核心要素,其中对机会追求是创业的关键要素;创业可以创建一个企业,也可以在已创建的企业中发生。

三、创新与创业的关系

(一)创新与创业的内在联系

在熊彼特的创新理论中,创新是经济学的一个重要概念,而领导和发起创新的创新者是企业家,企业家实行对生产要素新的组合,组织和推动经济发展,因此创业者是创新活动的倡导者和实现者。正是创业者的创新活动促使科学技术转化为生产力,推动了产业结构的升级,也推动了经济活动和生活方式的变革,实现了经济社会的发展。因此,创业者是创新活动乃至经济发展的灵魂,建立一批高素质的创业人才是创新时代的第一要义,经济学创新理论研究认为:人们之所以要进行这些方面的创新,是出于经济原因,即强烈的利润动机和潜在的利润前景的驱使,利益推动创新,创新刺激投资,创新是产业结构调整的原动力,也是成功创业,特别是科技型创业的基础。

从创新的时效性看,企业创新特别是在科技成果推向市场的过程中,一般总是从产品创新、技术创新开始的。因为一种新的市场需求总是表现为产品需求,因而在创新初期,企业的创新活动主要是产品创新。一旦产品被市场接受,随之而来的是企业将把注意力集中在过程创新上,其目的是降低生产成本,改进生产工艺,提高生产率。当产品创新和过程创新进行到一定程度时,企业的创新注意力会逐渐转移到市场营销创新上,目的是提高产品的市场占有率,在这些创新重点的不同时序上,还会伴随着必要的管理创新和组织创新。可见,利用科技成果进行创业的过程是一个不断创新的过程。

机会型创业是衡量一个国家创业活跃程度和创业水平的重要指标,机会型创业对产业升级、扩大就业、拓展市场、增加税收等具有重要意义。无疑,人数众多的受过高等教育且具有较高综合素质的大学生应是机会型创业的主力军。大学生在就业与创业的选择中,可以充分发挥自身优势,利用资源和环境条件,捕捉、识别、筛选并抓住市场机会,作为事业的选择,从事创业活动。特别是大学生可凭借自身的知识优势,依靠自己拥有的技术成果如专利技术、保密技术或新的服务,依托学校资源,选择最佳的创业时期和创业地点,适时创办科技型企业。其实,科技型企业创办一开始就表现为技术创新,由创新的时序规律也不难看出,成功的创业还必然包括经营创新和管理创新,不创新就会被淘汰,创新是新产品、新行业层出不穷的根本原因。从科技型创业创办可以看出,创新是创业的基础和前提条件。

综上所述,创新和创业的联系,主要体现在以下三个方面。

1.创新是创业的本质和源泉

创业是开拓创新的事业,提供满足消费者的物品或某种服务,想要在同类产品中脱颖而出就需要将新的理念、新的技术应用到新的产品之中。创业者需要源源不断的创新思维和创新意识,将富有创意的想法有效地融入市场,开创出新的模式、新的思路,进而创业成功。

2.创新的价值体现于创业中

创新在于潜在知识的应用、新技术的应用以及新服务的应用等,需要一定的载体或形式体现出来,创业可以将创新成果转化为社会产品服务大众,实现创新价值的市场化,而不只是在书本上说说。

3.创业推动并深化创新

创业可以推动新的发明、新的产品或新的服务不断涌现,创业者为了在创业浪潮中生存下来,又需要在某一方面满足社会新的需求,从而进一步推动和深化创新。

(二)创新与创业的区别

语言学定义可以帮助我们理解两者的区别。《辞源》中"创"的主要含义就是"破坏",同时也有"开始"和"创立"之意。按照《现代汉语词典》的解释,创新是指抛开旧的创造新的,也可简要概括为破旧立新的过程。创新是"新的生产函数的建立",即"企业家实行对生产要素的新的组合"。创业,在《辞海》中的定义是"创立基业"。因此就可以被译为"事业心、开拓精神教育"或是"企业家精神教育"。

创业与创新虽然都具有开创新东西之意,但两者内涵有着明显区别。创业可能涉及创新,或者也并不涉及;创新可能涉及创业,或者也并不涉及。人们对创新概念的理解最主要是从经济与技术相结合的角度,探讨技术创新在经济发展过程中的作用。创业是一个新的非生命市场参与者的创造过程(新商业的诞生)。创业强调的是,如"企业从何而来""人们为什么创建新的商业""商业是如何被创造的"等,而创新是对生产函数(包括生产力、科学技术、生产资料、生产工具及劳动力和生产关系)的建立等。

总之,创新与创业既相互区别又相互联系,两者相辅相成。创新增加了竞争优势进而推动了创业的成功,而新技术能否转化为产品走向市场化需要依靠创业这个过程。因此,要想创业成功就必须把创新和创业结合起来,以创新推动创业,在创业中不断创新。

第二节 国内外高校创新创业教育的发展历程

一、国内外创新创业简史

人类社会发展的历史,从某种意义上讲就是一部不断创新创业的历史。如果说科技是第一生产力,生产力是社会发展的决定性力量,那么创新创业就是科技发展的动力源泉。人类文明离不开创新创业活动。创新创业活动推动社会进步,是人类赖以生存和发展的基础。

(一)人类创新创业历史溯源

1978年英国出版的《发明的故事》一书详尽介绍了古今中外近380种人类创新创业与发明创造成果的历史由来。其中,数得上人类"第一发明"的当推弓箭,这是因为人类早期生产方式是以采集为主、狩猎为辅,先民们依靠群体力量进行狩猎活动以维持生存。为不受野兽伤害,又能有效猎获野兽,人类早期就发明了弓箭等远距离杀伤武器。弓箭等猎具的发明和推广应用极大地提高了生产效率,使猎物有所剩余,养起来成为家畜,推动人类社会由采集为主、狩猎为辅转入畜牧时代。从此母系社会开始瓦解,进入父系社会。弓箭的广泛使用使人们产生利用弓弦绕钻杆打孔的想法,从而发明钻具。

利用钻具与被钻物的摩擦生热进行取火,这就是"钻木取火"技术。人工取火技术的掌握不仅可以用于制作熟食、照明、取暖和驱避野兽等,使人类寿命得以延长,生存质量得到提高,给人类带来生活文明,而且在火烧黏土的制陶过程中随着高温技术的掌握,更是可以用火熔炼金属、制造金属农具,给人类带来生产文明。随着以金属农具为代表的整套农业技术的推广应用,人类社会由畜牧时代进入农业社会,钻木取火技术的发明当推人类历史上第一次技术革命。[1]

（二）农业文明——人类创新创业史上的第一乐章

由于在古代社会,我国以农业文明为代表的创新创业实践与发明创造活动使我国封建社会自公元前3世纪的秦、汉时期起,直到唐、宋、元各代经久不衰,我国经济社会发展在当时长达300年左右的时间里雄踞世界之首。在我国形成了与西方不同、独具一格的政治、经济、文化传统和科学技术体系,成为四大文明古国中唯一保持完整文化传统的国家。

在西方处于落后的中世纪"黑暗时代"时,我国正处于唐宋盛世(7—12世纪)。我国古代伟大的四大发明中除造纸技术外,其余三大发明都是在这一时期成熟和推广应用起来的,形成我国历史上科学文化与经济繁荣前所未有的壮观景象。英国科技史专家李约瑟博士在巨著《中国科学技术史》中说:"中国古代的发明和发现往往是超过同时代的欧洲,特别是15世纪以前更是如此,这可以毫不费力地加以证明。"在3—13世纪,中国的科学知识水平让西方人望尘莫及。

中国的四大发明传入欧洲,对欧洲近代社会的到来起到临产催生作用。指南针促进欧洲航海事业和探险事业的发展,火药成为消除欧洲各地封建割据的有力武器,造纸术和印刷术则对欧洲科学文化的普及、提高起到永久性的巨大推动作用。正如马克思所描述的那样,"火药、指南针、印刷术——这是预告资产阶级社会到来的三大发明。火药把骑士阶层炸得粉碎,指南针打开了世界市场并建立了殖民地,而印刷术则变成新教的工具,总的来说变成科学复兴的手段,变成对精神发展创造必要前提的最强大杠杆"。马克思的这段描述深刻揭示了我国古代四大发明给欧洲历史进程所带来的巨大影响。

（三）工业文明——人类创新创业史上的第二乐章

在我国明末至清朝道光年间(1628—1830)、清朝咸丰至宣统年间(1851—1909)以及清朝光绪至民国年间(1879—1930),世界生产力的发展先后经历以瓦特蒸汽机为代表的机械技术革命、以煤化学和合成染料为代表的化工技术革命以及以电气化为代表的电力技术革命等三次创新高潮,世界

---

① 潘斌.高校创新创业人才培养模式研究[M].北京/西安:世界图书出版公司,2018.

科学技术和生产力发展的中心相继由英国、德国转移到美国。

瓦特并非蒸汽机技术的原创者。在瓦特之前，D.巴本(1647—1714)、T.纽可门(1663—1729)就已制出蒸汽机原型。当时的蒸汽机主要用于矿井提水，效能很低。由于瓦特本人在格拉斯哥大学承担纽可门蒸汽机的修理工作，他运用所在大学教授布莱克(1728—1799)发现的"潜热"现象，即气体与液体转换时可大量吸收，放出热而温度不变的原理，将蒸汽机中的冷凝器拿到气缸外面，从而使蒸汽机的效能大大得到提高。此后瓦特经历九年时间，先后解决加工工艺、资金和与工具机的连接技术等难题，于1800年才实现了蒸汽机的工业化生产。蒸汽机作为动力机械与任何工具机连接都可使用，所有的大机器其中包括火车和轮船都因蒸汽机的带动而飞速运转，整个世界的面貌也由此大为改观，这就是人类历史上第一次产业革命，也是人类进入工业社会后经历的第一次生产力发展高潮。

在1830年英国产业革命达到高峰时，德国还只是一个落后的农业国。直至1871年才得到统一的德国，其工业化进程比英国几乎晚了一个半世纪。但他们不甘落后，外派大批学者留学英国，学成回国后从事科学研究与教育工作。1830年后在德国涌现出一大批科学家，如世界著名数学家雅可比(1804—1851)、高斯(1777—1855)和著名物理学家欧姆(1787—1854)等，他们开创了德国科学繁荣的历史新时期。尤其是利用由李比希(1803—1873)等建立的煤化学科学成就，德国迅速发展合成染料工业，由此带动纺织工业(合成纤维)、制药工业(阿司匹林等)、油漆工业和合成橡胶等整个合成化学工业的发展。德国著名化学公司如赫希斯特和拜尔公司的产品源源不断地流向世界各国，使很多天然制品被化学制品取代，人类进入"化学合成"时代。德国化学工业的兴旺发达，进一步带动酸碱和造纸等许多工业的发展。德国仅用40年的时间(1860—1900)就完成了英国100多年的事业，实现了工业化。

就在英国发动产业革命时，大批英国失业工人来到美国。1848—1849年欧洲革命失败后，又有大批法国人、德国人、奥地利人以及意大利人和俄罗斯人移居美国，这成为美国引进技术、发展工业和扫除南方封建奴隶势力的突击力量。1850年后，美国结束了完全照搬欧洲技术的历史，走上工业技术创新之路。继1866年西门子发明发电机之后，1876年贝尔发明了电话，1879年爱迪生发明了电灯,这三大发明照亮了人类实现电气化的道路。

如果说英国、德国的第一次技术革命或产业革命还只是解决生产文明问题,那么美国的第二次技术革命或产业革命就不只是解决钢铁、化工和电力技术等生产文明问题,而是史无前例地发展了汽车、无线电和航空工业技术等生活文明。以元部件的标准化、系列化生产和管理大师泰勒开创的现代管理科学的发展为标志,大规模生产方式使美国工业化发展进入人类历史新阶段。由此,尽管美国在1860年以前还处于殖民地的经济落后状态,但到1890年已跃居世界第一经济大国,1900年人均收入超过欧洲,成为世界经济霸主。

(四)信息社会知识经济、创意经济的发展与创业革命

到20世纪中叶,以原子能(1945年美国原子弹爆炸)、电子计算机(1946年计算机的发明)、航天技术、网络技术的应用(信息时代)为代表的信息技术(包括信息管理和信息工程)的发展,引起社会生产的重大变化,从而又导致了人们称为第三次的工业革命。其特点在于:科学技术转化为直接生产力的速度加快,科学和技术密切结合相互促进,科学技术各个领域间相互渗透,高度分化又高度综合。所有这些,极大地推动了社会生产力的发展,促进了社会经济结构和社会生活结构的变化,推动了国际经济格局的调整。当今社会信息技术广泛应用,科技飞速发展,知识更新速度日益加快,新产品、新技术、新工艺层出不穷,人类正步入信息社会。

1993年,彼得·德鲁克在《后资本主义社会》一书中提出,经济社会的发展在经历了农业社会和工业社会两个阶段以后,进入了以知识社会为特征的后资本主义社会。1996年,国际经济合作与发展组织在年度报告中明确提出了"以知识为基础的经济",按照国际经济合作与发展组织的定义,知识经济是以现代科学技术为核心,建立在信息和知识的生产、存储、使用(消费)之上的经济,是一种以现代科技产业为主要产业支柱,以智力资源为主要依据的可持续发展的新型经济。它表明人类经济发展将比以往任何时候都更加依赖于知识的生产和应用。

在知识经济社会下,知识与信息在经济社会商品价值创造中所起的作用越来越大,很多知识与信息成为独立存在的商品。知识经济是依靠知识发展实现财富增长的经济类型,而知识经济的发展取决于智力资源的占有,因此,

智力资源的开发和人才的培养是知识经济的命脉。在以知识为主宰的知识经济时代,知识成为衡量企业财富的标准,成为企业的战略资产,作为知识创新者、承载者、所有者的知识型员工,因其代表着企业拥有的知识、技能,成为企业的核心竞争力,成为决定企业市场价值的重要因素。企业如何有效整合、创新和发展知识,如何有效利用和管理知识资源成为企业经营成败的关键。

在以知识为基础的知识经济社会里,智力资源成为一个国家、一个企业取得竞争优势的核心资源,专利法、商标法、著作权法等知识产权法成为知识经济健康发展的保障,受法律保护的知识产品形成产业化发展——创意产业。创意产业是基于知识产权,通过对知识产权的开发来创造潜在财富和就业机会的产业。随着社会的发展,创新产业涵盖的面越来越宽泛。创意产业体现新经济的创新性、高附加值性、强融合性、渗透性、辐射性和持久营利性特点,并且日益融入服务业、制造业甚至包括初级制造业等其他产业。1998年,英国创意产业专责小组首先提出创意产业(Creative Industry)定义:"创意产业是源于个人创造力与技能及才华、通过知识产权的生成和取用,具有创造财富并增加就业潜力的产业。"根据该定义,创意产业界定了休闲游戏软件、电视与广播、出版、表演艺术、音乐、电影与录音带、时尚设计、工艺、广告、建筑、时装设计、软件、古董等13个行业。经济学家霍金斯将创意产业界定为:其产品都在知识产权法的保护范围内的经济部门。各国创意产业快速发展,我国近年来很多地区如上海、广州等相继建设起创意园区,创意产业成为知识经济社会最具活力的产业之一。2007中国创意产业年度大奖领奖典礼上发布了《2007中国创意产业发展报告——企业篇》,首次在全国发布2007年创意企业的基本情况,指出国内创意企业发展迅速,产业规模不断壮大,销售收入大幅度攀升。从2004年的2410.69万元,增加到2005年的4221.18万元,2006年又进一步提高到5242.29万元。2006年被称为中国"创意经济元年",在2006年之前的这三年,中国国内创意企业销售额的大幅度增加,给创意产业的繁荣创造了必要的市场环境,提供了雄厚的物质基础条件。在此期间,国家关于文化创意产业的政策也开始出台,我国创意产业迎来了大发展的黄金时代。

随着经济社会的快速发展,商品经济的日益发达,我国经济由卖方市场转向买方市场,消费者由被动消费转向主动消费,消费日趋个性化、多元化,创新创业成为经济发展的重要引擎,导致新产品和新行业的不断涌现,特别是创意产业的发展,高科技中小企业呈现强劲的发展势头。闻名遐迩的微软公司、雅虎公司的创业者比尔·盖茨、杨致远等成功的创业历程,使当代大学生特别是掌握了现代科学技术、富有创新精神和冒险精神的大学生面对就业的竞争压力和成功的机遇,担负起创业的历史使命。高科技中小企业的发展源于一个个新企业的诞生,源于整个社会创业活动的开展。1994年联合国大会一致通过一项决议,支持并鼓励所有经济发达国家和起飞国家把创业作为一项国策。自20世纪70年代,一场轰轰烈烈的创业革命从美国兴起,现已扩展到了整个世界,目前我们进入一个新型的创业时代。改革创新在美国创业浪潮中得到最大的发挥,带动着美国乃至世界重大的发明和新技术的产生。创业成为美国经济的发动机,创新犹如此发动机的气缸。创业者不断创新,追求卓越,创造出大量的新产品、新技术、新工艺和新服务,并通过创建的公司将这些创新成果推广并应用于市场中,获取可观利润。据统计,"二战"以来美国一半的创新是由小型创业公司完成,他们的研究和开发比大型公司显得更有生机。历史上,企业精神从来没有像现在这么牛机勃勃,创业激发企业的创新和发展,产生出越来越多的全新的企业和行业,创造出巨大的财富,改变着人们的生活方式和财富观念,引领社会进入了经济全球化的新时代。建设创新型国家的核心是增强自主创新能力,而这种能力的关键在人才,因此高等学校应该以知识创新为己任,更加有效地开展创业教育,构建创新创业体系,大力扶持那些掌握创新知识的大学生进行创业,为建设创新型国家提供支持和保障。

二、我国高校创新创业教育的发展历程

当前,"大众创业、万众创新"已经成为推动经济社会发展的引擎,创新创业的意识已经深入人心。作为培养创新创业人才的高校创业教育也蓬勃发展,日益受到人们的重视。下面对高校创业教育的发展历程以及其在理论和实践中的一些做法进行梳理。

(一)我国高校创新创业教育三大发展阶段

1.自主探索阶段(1997年至2002年4月)

相比于发达国家,中国开展创业教育的实践较晚。然而,实际上,早在1989年胡晓风等人已在理论层面上对创业教育进行了深入探讨。当年,在

《人民日报》上，胡晓风教授就发表了《关于更新教育思想进行创业教育的探讨》一文，这可谓中国提出创业教育的第一人和第一篇文章，具有重要的理论意义。后来，他与其他两名学者发表题为《创业教育简论》的文章。在文章中，他们提出不同于以往的教育新模式——创业教育，并明确地概述了其内涵。但是，在中国当时的政治、经济与文化条件下，创业教育难以对中国高等教育产生深入的影响，中国高校中并未开展相应的创业教育实践。

直至1997年，清华大学经济管理学院在MBA培养计划中，仿照美国高校的做法，提出在工商管理学科中开展创新创业的研究方向，并设立MBA创新创业教育中心，中心的主要成员为创新与创业课程的教师，这被视为创业教育在中国兴起的标志，成为高校开展创业教育的新纪元。1998年，在与麻省理工学院联合培养工商管理硕士项目中，清华大学系统、深入了解到麻省理工学院开展创业竞赛的情况，汲取了丰富的经验，经过一段时间的筹备与组织，在清华大学举办首届创业计划大赛，取得较好的效果，推动了创业教育的发展。

清华大学的创业计划大赛的成功经验，推动了以创业计划大赛推动创业教育开展的先河。1999—2002年间，共青团中央、中国科技协会、教育部、全国学联等中央单位联合各大学、地方省级人民政府共同举办三届全国"挑战杯"创业大赛，给各高校的大学生提供了一个更广阔、更权威的实践平台。创业竞赛是一次有益的尝试，是创业教育在初期最常见的形式，其为今后高校创业教育的可持续发展奠定了良好的基础，在一定程度上推动了中国大学生的创业潮。

1999年颁布的《面向21世纪教育振兴行动计划》是中国首次正式回应创业教育的重要政策文件。它强调："各高校应该充分利用自身的专业优势、学科优势来为经济产业结构调整服务，增强高校与行业、企业之间的产学研合作，推进高校技术成果在实践中的转化速度，鼓励有条件的大学生开展创业计划，强化对教师与学生的创业教育，激励他们自主创立高新技术企业。"无疑，该计划的提出不但为中国创业教育的发展提供了新的思路与方向，而且营造了良好的创业教育政策环境。此后，教育部为了推进高校创业教育的开展，出台系列的政策文件予以支持。2000年，教育部颁布《大学生、研究生休学创业保留学籍的暂行规定》，在这个文件中提出高校学生创业可以保留学籍，为高校学生开展创业活动提供了宽松的政策保障，消除了高校学生开展创业活动的后顾之忧。2002年4月,教育部正式将清华大学、北京航空航天大学、武汉大学等9所高校列为开展创业教育的试点高校,并为其提供政策与经费等方面的支持,要求试点高校起到示范引领作用,集中精力探索创业教育的理论与实践。同时,教育部在2002年4月20日在北京召开了首次试点高校兴办创业教育座谈会,明确了高校开展创业教育的方向与政策支持力度,为试点高校兴办创业教育提供了强大的动力。

当然,这一时段中国高校的创业教育基本上是处于自我探索阶段,其主要还是依赖于国外实施创业教育的先进经验,缺乏对创业教育系统、深入地研究与探索。除了所试点高校对创业教育的发展方向、教育过程、人才培养方式具有一定的认知以外,其他高校基本上还未能对创业教育内涵、发展有清楚的认知,更不用谈及有规划、系统性地进行创业实践。

2.多元探索阶段(2002年5月至2010年)

在各级政府的大力支持下,试点高校的创业教育取得一系列成果,产生几种典型的创业教育模式,逐渐形成创业教育的中国经验。整体来看,主要有三种模式:以武汉大学、中国人民大学为代表的创业综合素质教育模式;以北京航空航天大学、清华大学为代表的创业技能教育模式;以上海交通大学为代表的创业教育综合模式。与此同时,其他非试点高校及地方高校在汲取试点高校开展创业教育的先进经验基础上,也开始注重结合实际情况竭力摸索具备自身特点的创业教育模式。其中,温州大学的创业教育实践尤为引人注目。经过多年的有益探索与实践,温州大学形成"全校层面—专业层面—试点班层面"逐层推进的以岗位创业为导向的创业教育新体系,为创业教育的改革提供了新方向。以此观之,创业教育进入以试点高校为主,其他高校协同发展的多元化探索阶段。

随着高校创业教育进入多元化的探索阶段,创业教育的师资不足问题逐渐暴露,引起教育部的高度关注。从2003年开始,教育部便委托北京航空航天大学开办首届创业教育师资培训班,对来自各高校的从事创业教育的200名教师进行有关创业教育理论知识的系统培训。此次培训标志着政府越发重视如何有效地开展创业教育教学,强化创业教育师资队伍的建设。为了进一步提升创业教育的师资水平,在举办创业教育师资培训班的基础上,2005年团中央、中国青联主导开展了KAB（Know About Business）创业教育（中国）项目。该项目由共青团中央、中华全国青年联合会以及国际劳工组织合作推动，不但为高校教师提供专业的创业培训，而且是一项针对大学生的教育项目。其开发了"大学生KAB创业基础"课程，该课程主要以市场为导向，在内容上注重创业知识与技能的传授，在功能上重视对大学生的"企业家精神"教育，旨在培养大学生的创业意识与创业能力。

总体而言，在此时期，我国政府越发重视高校的创业教育，对开展创业教育工作取得的成绩给予充分的肯定。在政府的引领下，各高校的创业教育取得体系化的发展，基本上形成多元化的创业教育模式。当然，这些模式中也存在一定的问题，如在培养目标上出现偏差，诸多高校片面地理解创业教育的培养目标，导致创业教育在形式与内容上呈现表面化倾向。

3. 全面推进阶段（2010年至今）

通过前期的发展，虽然高校创业教育取得了丰富的经验，但也暴露出一系列亟待解决的问题。在新时期，如何突破创业教育面临的困境，推动其进行深入改革与发展日渐成为政府、高校探讨的焦点。

2010年，教育部颁布《全面推进普通高校开展创新创业与大学生自主创业工作的意见》，在该意见中，首次将创新创业一起表述，将"创新"这个概念引入创业教育中。要求各高校特别是教育部直属高校应该通过创新意识培育来推进创业教育；强化创新创业教育的实践教学，创建全方位的创业支持平台；落实与完善大学生自主创业扶持政策，强化创业指导与服务工作；加强领导，形成推动高校创业教育与大学生开展自主创业活动相结合，形成创新创业教育与创业实践的合力。该意见的出台，标志着我国高校的创业教育进入全面发展阶段。2010年，中共中央、国务院出台《国家中长期教育改革和发展规划纲要（2010—2020年）》，在这个文件中，也明确提出各级政府需要加强对高校创业教育的支持力度。除了通过政策扶持，2010年5月还成立了教育部高等学校创业教育指导委员会，以进一步推动创业教育的理论与实践研究，起到宏观统筹、指导与咨询的作用。具体而言，教育部高等学校创业教育指导委员会要求高校更新教育教学理念，将创新创业教育融入教学中，与专业教育相结合，贯穿人才培养的全过程。另外，对创新创业教育的实践教学、创业教师队伍等方面也提出相应的要求。随后,每年教育部或有关部门就如何更有效地开展创业教育、培养创新创业型人才陆续出台一系列政策。这些政策在一定程度上营造了良好氛围,指导着创业教育的开展。

随着信息技术的发展,"互联网+"时代已然来临,高校创业教育也呈现新面貌。2015年10月,举行了第一届中国"互联网+"大学生创新创业大赛。此次创业大赛的特点在于其以互联网平台为基础,设置"互联网+"传统产业、"互联网+"新业态、"互联网+"公共服务、"互联网+"技术支撑平台等四种类型,以敦促大学生紧跟时代潮流,开发出更多基于互联网的创新创业新项目。

综上所述,在过去的20年时间里,在各级政府的扶持、引导与高校自身的不断探索中,我国高校的创业教育取得很大的发展,基本上形成创业教育的中国模式,为社会培养大批具有创新精神、创新意识和创业能力的专业人才,对"大众创业、万众创新"形势的发展起到良好的助推作用。

(二)我国高校创新创业教育取得的成就

1.明晰了创业教育的基本内涵

创业教育是以启发大学生创新、创业意识的,致力于提升其创业能力与素质的教育;是可以与专业教育、职业教育、成人教育相结合的,可以通过渗透的方式在这些教育领域实施的具有独立的价值和精神的一种教育形式。经过多年的探索与发展,各高校基本上在创业教育的概念、实施方式、精神价值与实践意义等方面达成共识,而且明确了创业教育与普通教育、职业教育、成人教育之间的关系,为推动创业教育在不同教育类型中的发展提供了理论与实践的依据。

2.界定了创业教育的教学内容

首先,明确了创业教育的外部范畴。这个方面极为重要,创业教育作为一种新的教育形式,其"外部范畴是什么"必须明确,这既是开展创业教育的前提,也是创业教育与专业教育结合的基础。目前,各高校对此基本上形成一致的认知,即创业教育的外部范畴应该包括创业教育的社会背景、价值理念、价值模式,创业教育在高等教育中的地位与作用、创业教育教学过程的管理等。其次,明确了创业教育的内部框架。在界定创业教育的外部范畴之后,必须明确其实施框架。这方面各高校在探索中也基本上取得共识,即创业教育是一种综合学校办学特色、专业特色的教育方式,其在发展过程中需要确定其基本原则、教育方法、教育内容、教育形态、课程体系、评价机制、实施模式、实践教学等问题。最后,明确了创业教育外部范畴与内部框架之间的关系。这个方面实际上是要明确创业教育自身发展与高等教育发展、经济社会发展之间的关系,体现创业教育的服务性、动态性的变化过程

3.形成创业教育实施的基本模块

对于创业教育模块,各高校在长期的探索与发展中也已经达成共识,主要包括四个方面的模块:理论模块、素质模块、实践模块、实施模块。首先,理论模块。这个方面的内容主要体现的是创业教育的基本理论问题,包括其目标、内容、实施方式、教育内容等。其次,素质模块。这个模块要阐释的是创业教育所需要的素质是什么,包括创业的意识、心理、能力等。再次,实践模块。该模块注重于创业教育的实践教学,包括实践教学模式、创业模拟方式、实习基地方式,突出创业教育的实践性特色。最后,实施模块。主要是明确创业教育的实施方式,以及创业教育在具体实践中如何与在成人教育、职业教育、普通高等教育、现代远程教育中的结合、渗透、辐射等问题,如在成人教育领域适宜采取辐射模式,在职业教育和普通高等教育领域适宜采取结合模式,在现代远程教育领域适合采取渗透模式。

由此确立了创业教育发展的领域及其发展的价值。

三、国外高校创新创业教育的发展历程

(一)大学生创新创业教育在国外的发展

创新创业教育这个概念是我国提出来的,但它主要是在国外的创业教育基础上发展而来的。一些发达国家的创新创业教育起步较早,美国是第一个实施创新创业教育的国家,随后英国、日本、德国等国家认识到了创新创业教育的重要性,也开始实施创新创业教育,推动了经济的蓬勃发展。

1.创新创业教育在美国的发展

1947年,由美国哈佛商学院所开设的课程——新创企业管理,拉开了美国高校创业教育的帷幕。1953年,纽约大学开设了"创业与革新"课程,以培养学生自我创业能力为目的的创业教育在美国兴起。1968年,百森商学院开设了第一个针对本科生教育的创业学主修专业。1973年,麻省理工学院等四所

高校建立了"创新创业中心"和"技术创新研究中心"等。直到1983年,美国得克萨斯州大学奥斯汀分校举办的首届大学生创业竞赛才使高校认识到,创业教育既是一种教育理念,也是一种教育实践。自此,美国高校开始普遍开设创新创业理工科大学生创新创业教育实务手册教育课程。此后每年都会举办创业竞赛,一些新兴的企业从大赛中诞生,并成长为支柱型企业,推动了美国经济的快速发展。美国已经将创业教育纳入国民教育体系,涵盖了从小学到研究生的正规教育,高校还将创业学设置为硕士的主修或辅修专业,并开始培养创业学方面的博士。

2.创新创业教育在英国的发展

英国是继美国之后较早开展创新创业教育的国家。20世纪80年代,政府为了缓解失业问题,意识到只有提高国民的就业能力才能够从根本上解决就业问题,创业教育开始萌芽。1983年,英国启动了青年创业计划,为青年创业提供了支持。此后,以培养创业意识和创业技能为目标的创业教育被纳入了英国本科生课程中。1987年,英国政府开展"高等教育创业"计划,开始了自上而下的创业教育模式。英国创新创业教育从1999年制订科学创业挑战计划开始,进入了快速发展的阶段。2001年,英国政府建立了英国科学创业中心来管理、实施创新创业教育。创业教育的指导思想树立后,英国政府出台了相关法律,设立了创新创业基金会,为创新创业教育的发展铺平了道路。

3.创新创业教育在日本的发展

日本的创新创业教育是从模仿开始的,在模仿学习中,全民的创新意识和创新能力得到了较大的提升。随着其他发达国家在创新创业教育中取得了较大的成效,日本也意识到了创业教育的重要性。1998年,日本国会通过了《大学技术转移促进法》,提出了在大学开展创业教育的倡议。2004年,与创新创业有关的要素成为评价大学的重要指标,创新创业成为日本大学关注的焦点。短短20多年的时间,日本的创业教育得到了蓬勃的发展,在创业教育课程、管理、实施等方面都形成了一定的规模,形成了具有其本国特色的创业教育。目前,日本的创业教育主要有针对本科学生的创业教育、与行业协会和当地政府合作的创业培训以及针对高中生的创业教育。

4.创新创业教育在印度的发展

印度于1966年就提出了"自我就业教育"的观念,鼓励学生毕业后自己谋求出路,学生不再是被动的求职者,而是工作岗位的供应者。在1986年这项培养目标得到了重视,印度政府在《国家教育政策》中明确要求"培养学生自我就业所需要的态度、知识和技能"。目前,虽然印度的教育规模较为庞大,但大学生的创新创业意识已经逐步得到提升,创业教育初显成效。印度政府还创建科技园、教育园、孵化器等推动高校创业教育,同时高校还建立了创业中心,指导学生创新创业,使师生的创新成果能够实现产业化。印度人在美国硅谷创办了众多企业,在硅谷的印度从业者所占的比例也较大,这都体现了印度创新创业教育的成效。

(二)国外大学生创新创业教育的特点

由于知识经济时代的到来对世界政治和经济等多方面产生的影响,世界许多发达国家都认识到了创新创业教育的重要性,纷纷对创新创业教育进行改革。各个国家的发展历史、政治背景、经济和文化发展历程都不相同,因此各个国家在创新创业教育改革的具体目标、基本原则、改革重点、实行方案等方面也都不尽相同,呈现的特征也有所不同。

1.美国创新创业教育的特点

美国的创新创业教育起步最早,到目前为止已经取得了巨大的成功,形成了较为完整的创新创业体系,具有较为明显的特点。美国高校创新创业教育的飞速发展离不开美国高校管理者的高度重视,很多管理者同时也是创新创业教育界的专家。例如,著名的百森商学院的院长 Brown M. Barefoot、教务长 Michael L. Fetters、研究生院院长 Mark Rice 都是创新创业教育界著名的学者。仁斯利尔理工大学的校长 Shirley Ann Jackson 也高度重视创新创业教育,他在《仁斯利尔规划》中把创业教育放在了十分重要的位置。Lally 商学院院长还亲自担任创业教育中心的主任。从这一系列的做法就可以看出美国高校高度重视创新创业教育,鼓励创新创业教育的发展。

美国高校拥有高质量的创业教育师资队伍。高校为创业教育的开展配备了雄厚的师资队伍,要求教师拥有专业的创业知识,丰富的创业经验和实践能力。高校还会聘请有过创业经历或者担任过企业外部董事的人员来校进行短期教学,让学生更好地了解创业领域的实践发展趋势和未来发展动态。高校每年还会开展创新创业教育研讨会,对创新创业教育的实践进行总结和探讨。与此同时,高校还会对专职教师进行专业培训,提升教师的理论知识和创业实践能力。美国高校拥有完善的创新创业教育课程体系,高校根据自身的特点建立了适应自己学校的创新创业教育课程体系,课程内容丰富,包括了创业构思、创业融资、创业管理以及相关法律、商业计划书和企业管理等几十门课程。高校创业教学方法灵活多样,还注重实践教学,通过案例教学方法使学生亲身模拟,更好地体验创业实践。高校还建立了创新创业中心和创新创业教育研究会,提升学校创新创业氛围的同时还为师生提供了更好的交流和学习平台,使师生的科研成果能够更好地与企业对接,实现产业化转变。美国高校拥有丰富的实践教学经验,很多高校通过模拟创业和第二课堂等多种形式,让学生有更多的课外实践机会,亲身体验创新创业。美国高校每年还组织各种类型的创业计划大赛,为学生、高校和社会提供一个沟通交流的平台,不仅有利于提升学生的创新创业意识和创新创业能力,同时还能催生出部分有前景的企业,有力地推动了美国经济的发展。美国拥有科学的创新创业教育评价体系,自20世纪90年代初开始,美国的创业专业期刊《商业周刊》《创业者》《成功》等每年都会对大学的创新创业教育进行评估,其评价内容涉及课程、发表的论文和著作、社会影响力、创新创业教育项目、毕业生创业情况等。评价体系的建立增强了高校间的竞争,有力地促进了高校创新创业教育的开展。

2.英国创新创业教育的特点

英国高校的创新创业教育历经近20年的推动后,在普及程度、课程设置与活动实践等方面都有了较好的发展,也形成了自己独特的创新创业教育体系。

英国的创新创业教育是自上而下的创新创业教育。英国创新创业教育的发展主要是靠政府的大力推动,英国政府的教育部与技能部、贸工部、财政部和首相办公室制定与创新创业教育相关的法律或政策,建立了良好的创新创业教育环境,推动了创新创业教育的发展。同时,英国政府还为创新创业教育的发展提供来自上述四个部门的资金援助,如高等教育创新基金加强了校企合作,科学创业挑战基金为创新创业教育和知识成果转化提供了资金扶持。英国政府还会联合各种组织机构,为创业教育发展提供各方面的支持。此外,国家创业中心也为英国创新创业教育的发展提供了帮助。英国科学创业中心与全国大学生创业委员会加强了高校与企业的联系,使高校为社会发展和经济增长做出了贡献。

全社会参与的创新创业教育网络体系。地方政府以及非政府组织、企业、高校等都对创新创业教育给予了高度重视,并提供了大量的支持。非政府组织鼓励高校和企业界进行交流与合作,帮助大学生提升创新创业精神和创业能力。英国企业为大学生创新创业教育提供了资金支持,同时还参与大学生创业经验交流会,为大学生解决创业方面遇到的困难,提供实习的机会,而同时企业也得到了优秀的人才,增强了自身的竞争力。高校重视大学生创新创业教育,担负起了大学生创新创业教育的重任,建立了大学科技园、孵化器、创业基地等,为大学生进行创业活动提供了相关的基础设施和创业指导,为学生搭建了良好的创业平台和人际关系网,拥有多元且整合的创业课程体系。创新创业教育课程是课程开发、教学方法研究、创业研究、师资建设、课外实践活动等相互合作的网络体系。英国高校会利用互联网进行课程的沟通和交流,高校间相互学习,以弥补自己的不足。高校的创新创业教育还注意理论与实践的紧密结合,积极开展课外实践活动,提升学生的创业实践能力。英国的创新创业教育课程不只针对学生开设,还有针对老师开设的相关课程,旨在提升教师的创业知识和创业经验。

3.日本创新创业教育的特点

日本的创新创业教育起步较晚,直到20世纪80年代末才开始。最初实施创新创业教育、开设相关课程的学校大约有30所,但近年来发展势头迅猛,到21世纪初,已有超过200所学校开设了相关课程。在短短20多年的时间里,日本的创新创业教育取得了较为明显的成效,形成了一定的规模,形成了具有其本国特色的创新创业教育,具有以下3个特点。

(1)日本形成了政府主导、企业和高校辅助的创新创业教育体系。政府在创新创业教育中起着主导型作用,制定了一系列的相关政策,保障了创新创业教育的顺利实施。企业在创新创业教育中起着辅助的作用,为创新创业教育提供资金援助,并向学生提供创业基金和实习机会,为学生的创业成功提供了有力的保障。高校依照相关政策,更新创新创业观念,加强学生的创新创业教育,充分地发挥自身的主体作用。高校还在学生和企业之间搭建了交流平台,实现了企业和学生双赢的局面。

(2)日本的创新创业教育具有地域性。为了实现地域经济的平衡发展,日本高校在开展创新创业教育时会根据地域的特性,利用地域优势促进地域经济的特色发展。在实践过程中,高校会利用地域内原有的产业,结合自己的知识资源,在拥有了开展创新创业教育基地的同时更好地促进地域原有产业的发展。

(3)日本的创新创业教育体系具有连贯性。日本的创新创业教育是一个从小学到大学连贯的体系。从小学开始就重视创新创业教育,他们认为创新意识要尽早培养,才能激发学生未来进行创业活动的意愿。在中学,学校会通过开展各类课余活动培养学生的创新创业能力。在大学阶段,完善的创新创业课程、丰富的创新创业平台都为大学生创新创业打下了基础。可以说,从小学到大学的不同阶段,日本都会针对不同的对象开展不同的创新创业教育。

4.印度创新创业教育的特点

长期以来,印度政府非常重视对教育的投入。20世纪80年代和90年代,印度对教育的投资都超过了其本国GDP的3%。印度全国有300多所综合性大学,5000多所专科学院,涵盖所有学科。新德里大学、尼赫鲁大学、印度管理学院、印度理工学院等著名学府,每年向美国、加拿大、欧洲各国输送大批优秀毕业生。印度大学开办创新创业教育的初衷是缓解就业压力,培养学生的创业技能,为他们毕业后的创业或就业奠定基础,同时提升学生综合素质和就业能力。在印度,有超过100所大学开设有创业类课程,约占高校总数的1/3。

印度大学创业教育课程多直接采用国外原版教材,或任课教师自编教材,而这些教材的章节多由专家的论文构成,从根本上保证了创业教育的理论基础。印度的创业课程是通过与其他课程整合而来的,设置在一些课程之内。创业课程的教授由访问教授承担,或者本校教师与访问教授共同承担,在这种形式下本校教师讲授理论部分,实践部分由访问教授承担。印度理工院校的创新创业教育特色较为鲜明,理工院校设置了具有完整体系的课程,通过创业项目开展创新创业实践活动,同时每年举办国际商业计划书大赛,培养了大学生的创业精神和创业能力。

(三)国外大学生创新创业教育的基本做法

学习和了解各国的创新创业教育模式,对我国进行创新创业教育有着重要的借鉴作用。通过研究和借鉴美国、英国、日本等发达国家在创新创业教育方面的先进做法,结合我国实际,必能探索出适合我国理工科高校创新创业教育的做法。

1.美国创新创业教育的基本做法

创新创业教育在美国已经非常成熟,开展创新创业人才的培养已经成为推动美国经济发展的主要动力。美国创新创业教育的模式主要包括以下3个方面。

(1)美国高校教育坚持"一个中心、三个结合",即坚持以学生为中心,课内与课外相结合,科学与人文相结合,教学与研究相结合。美国重视培养学生独立思考、发现问题、解决问题的能力,既重视在学术中的成功,也重视在实践中的成功。美国高等教育在本科阶段大多是自由教育,通常采取实验室和研讨会的教学形式。在研究生阶段重视基础性课程的教学,通过课程学习对研究生进行系统的科研训练,同时重视能力的培养,通过多种实践方式培养研究生的能力。

(2)美国高校重视跨学科学习。为了改善学生的知识结构和思维结构,美国高校通过各种途径为学生提供跨学科学习的平台。比如,实行主辅修制或双专业、双学位制,为学生提供丰富的主辅修专业课程和交叉学科课程。同时,美国高校还采用不同专业、不同年级学生混住的住宿形式,增强了不同专业学生的交流,有利于不同学科之间的碰撞,从而产生新的想法,完善学生的知识结构。

(3)美国高校重视科研训练和创新创业实践活动。美国高校非常重视学生的科研训练,通过科研训练可以使学生亲身体会理论知识的应用,提升学生的科研精神和能力。同时,美国高校还重视学生的创新创业实践活动,通过组织、参与实践活动不断地提升大学生创新创业精神,有利于学生更好地参与未来的创业活动。

2.英国创新创业教育的基本做法

英国的创新创业教育有很好的传统,英国高校学生的课余时间较长,课后会组织学生进行讨论会,引导学生自主思考和学习,培养学生的自主学习能力和探索能力。英国的创新创业教育有以下一些值得我们借鉴的方式。

(1)英国高校教授学科前沿知识。英国高校的专业课程没有统一的教学课本,每个教师都会根据自己的科研经验和学科前沿知识制定适合的教学内容,传授学生大量的学科前沿知识,教学内容更新较快。通过对学科前沿知识的学习,学生能够更好地认知当前学科的发展趋势,为创新创业提供新思路。

(2)英国高校非常重视学生实践能力的培养。英国高校的课程中有大量的实验课程和课程设计,能培养学生的动手操作能力。同时,英国政府还提供创新创业基金,拟定创新创业项目,鼓励每个学生都参与创新创业项目,提高学生运用理论知识解决实际问题的能力和创新创业能力。

3.日本创新创业教育的基本做法

日本高校创新创业教育注重跨学科研究和产学研结合。以东京大学为例,知识的交叉融合是东京大学开展科学研究的一个重要指导理念。东京大学前校长小宫山宏在21世纪"卓越研究基地(Center Of Excellence,COE)"计划中曾指出,知识交叉的场所是新知识生产的土壤。东京大学的28个COE计划都是跨学科研究项目。2001年6月,日本文部省发布了《为了以大学为起点的经济活性化的构造改革计划》。2004年,东京大学提出了产学合作的基本方针,明确了把产学合作作为学校知识生产的基础。

日本高校非常重视创业计划竞赛,将其作为检验学生创业教育成效的重要手段。以早稻田大学为例,该校自1998年起开始举办创业计划大赛,并于2002年开设了早稻田大学分享论坛,征集并选拔优秀创业计划。东京大学于2005年开始组织实施支持学生创业的教育项目——"创业者道场"。目前,这正朝着向大学生普及的方向发展。通过系统培训、大赛实操,为激发大学生创新创业潜力、培养企业家精神发挥了积极作用。

第三节 创新创业精神与人生发展

说到创新创业精神与人生发展,就不得不提杨澜。杨澜是中国著名电视节目主持人及企业家,曾主持中国中央电视台《正大综艺》节目并为大家所熟知。现主持采访类节目《杨澜访谈录》及女性类节目《天下女人》等,曾被评选为"亚洲二十位社会与文化领袖""能推动中国前进、重塑中国形象的十二位代表人物""《中国妇女》时代人物"。现在的杨澜是阳光媒体投资控股有限公司主席,她的成功是在创新创业的多次转型中实现的。

第一次转型:央视节目主持人。在成为央视节目主持人以前,杨澜是北京外国语学院的一名有些缺乏自信的女生。1990年中央电视台《正大综艺》节目在全国范围内招聘主持人,杨澜脱颖而出。毕业后,杨澜正式成为《正大综艺》的节目主持人。四年央视主持人的职业生涯,更确立了她未来的发展方向:做一名真正的传媒人。[①]

第二次转型:美国留学生。1994年杨澜做出了一个令人惊讶的决定:辞去央视的工作去美国留学。26岁的时候,杨澜远赴美国哥伦比亚大学,就读国际传媒专业。业余时间,她与上海东方电视台联合制作了《杨澜视线》,这是杨澜第一次以独立的眼光看世界。她同时担当策划、制片、撰稿和主持的角色,40集《杨澜视线》发行到国内52个省市电视台,杨澜借此实现了从娱乐节目主持人向复合型传媒人才的过渡。

第三次转型:凤凰卫视主持人。1997年回国后,杨澜加盟凤凰卫视中文台。1998年《杨澜工作室》正式开播。在凤凰卫视,杨澜不只是主持人,还是《杨澜工作室》的当家人,自己做选题,自己负责预算。这对她来说是一个非常好的锻炼,使她知道如何在最低的经费条件下,把节目尽量完善到什么程度。

第四次转型:阳光卫视的当家人。1999年杨澜辞去了凤凰卫视的工作,2000年她收购良记集团,更名为阳光文化网络电视控股有限公司,但她创业不久就遭遇全球经济不景气。由于市场竞争的压力,杨澜将公司的成本锐减了差不多一半,同时她还将自己的工资减了40%。终于阳光文化在2004年取得了盈利。

此外,杨澜还创办澜珠宝品牌,并取得成功。2010年杨澜以70亿元身家登榜"胡润女富豪榜",这位采访过无数名人的名人主持时刻保持着她的优雅,她的气质与修养为女性提供了榜样。而她的着装更是白领女性参照和模仿的标准。

从杨澜创新创业的成功可以看出,创业是应对当前严峻就业形势的新选

---

①李国辉.高校跨学科复合型创新创业人才培养模式研究[M].长春:吉林文史出版社,2019.

择。随着高等教育大众化的深入发展,以及社会经济创新驱动、转型发展的不断推进,每年高校毕业生人数都在不断增长,2015年全国高校毕业生人数达到749万人。大学生创业独特的优势在经济发展过程中逐渐显示出其重要性,并越来越成为社会经济发展的直接驱动力。创业新增了就业岗位,有助于缓解就业压力,实现创业促进就业。作为智力、技术和社会资源的聚集地,高校对创业实施的影响以及如何促进大学生创业的良性成长是目前研究的一个重点方向。从资源供给的角度来考虑,高校不但可以为创业企业提供初创期的金融融资、创业指导、文化环境、信息资源等众多外部资源,还可以为创业企业提供大量人才、技术、社会资源、舆论指引等内部资源。正因如此,越来越多的创业者开始突破原有创业观念,创业意愿也得到普遍的、大幅度的提升。但与此同时,创业意愿的实现度却相对较低,根据教育部在2006—2007年度的调查显示,尽管在被调查的大学生群体中有近80%的人拥有不同程度的创业倾向,但最终实施创业计划的却不到15%;大学生创业的成功率和创业企业的存活率也相对较低一份。一份来自2009年的调查数据显示,全国大学生创业成功率最高的地区是江浙地区,但也仅为4%,而全世界大学生的创业平均成功率是20%,国内大学生创业率的整体低下使国内大学探讨建设更为有效的资源传递、利用机制和创业推进机制成为极为迫切的要求。2007年,党的十七大报告中首次将"创业"列为重大发展国计民生的战略。2012年,党的十八大报告指出,要"实施创新驱动发展战略","加快建设国家创新体系","要坚持以全球视野谋划和推动创新",可见,创新与创业是转变经济发展方式的重要动力,也是党和国家提高综合国力的战略方针。当代中国需要大批具有创业精神和创新意识的高素质人才,而创业最终能否实施,并最终坚持到底,取决于创业精神,创业精神对人生发展起了关键作用。

一、创业精神含义

现如今,人们对创新精神的界定存在不同见解。有学者指出:对创新精神有两种不同的看法,一是认为创新精神是一个综合的概念,包含了一个人的创新素质的一切因素,即一个人从事创新活动、产生创新成果、成为创新的人所具备的综合素质。另一种看法认为创新作为一种精神,主要是指人的创新勇气、胆识等,是一个人在创新上表现出来的志气、意志力量。创业精神促成创造性思维的形成,它是创新意识、创造潜能的最终体现。它既是一种白手起家、艰苦奋斗、知难而进、勇于开拓的心智模式,也是一种自知自信、实事求是、坦诚自然、团队意识的精神状态,还是一种实践创新、随机应变、迁移转化、组织协调的能力结构,即创业精神是某个人或某个群体通过有组织的努力,以创新和独特的方式追求机会、创造价值和谋求增长,是着重于一种创新活动的行为过程。创新精神的主要含义是创新,也就是创业者通过创新的手段,将资源更有效地利用,为市场创造出新的价值。大多数学者都认为创业精神可以通过教育和实践进行培养和塑造,具体包括创新意识、风险承担能力和冒险精神以及对市场机会的识别能力。创新与创业精神都以"创新"为核心,但是创新精神更关注原理与形而上学层面的探究,而创业精神更执着于创新产生经济社会效益的实践过程。所谓"创业精神"是指对创业者起到引导、推动、规范作用的理想信念、观念意识、个性品质、行为取向及职业操守等。创业精神体现了创业者对创业价值的认识、判断,引导着创业者选择创业活动的方向、态度,规范着创业者的职业操守,激励着创业者实现创业的目标和理想。创业精神是创业教育的动力系统和基本内核,是大学生创业的精神支柱,是创业成功的关键因素。

诸多研究表明,创业成功需要如下创业精神。

(一)诚信

常言说:"言必信,行必果。"市场经济更需要诚信,诚信日益成为企业的立足之本与发展源泉。创业者的诚信品质决定着企业的市场声誉和发展空间,要想保持长久之利,必须坚守诚信之道,这才能以良好口碑带来滚滚财源,使创业健康成长。

(二)勇气

研究创造力多年的唐纳德·麦金诺(1990)提出了"个人的勇气是创业者的核心"的观点。这就需要视挫败为成功之基石,成功需要经验积累,创业的过程就是在不断的失败中跌打滚爬。只有在失败中不断积累经验财富、不断前行,才有可能到达成功彼岸。英语有句俗语:"只要有勇气,羔羊变狮王。"对于创业者来说必须有勇气直面困境,要有忍耐力才有可能成功。

(三)变革精神

《易经》指出"万物皆变化",创业者如何在瞬息万变的社会中与时俱进发展就需要变革的精神。著名的管理学大师彼得·德鲁克指出,企业家总是寻找变化,对其做出反应,并将其视为机遇加以利用。

(四)责任心

惠普创始人戴维·帕卡德提出:"一个企业对社会的责任远远重要于对股东的责任。"企业通过积极承担社会责任、热情支持公益事业,形成良好的社会口碑,反过来才能对企业的发展产生强劲的支持作用。

(五)团队合作能力

携程计算机技术(上海)有限公司总裁季琦告诉青年创业者,"携程网"的成功,除了抓住当初互联网快速发展的契机外,有一个良好的创业团队才是关键。团队里的成员在一起创业,不仅能分享各自的知识和经验,同时也避免了很多创业"雷区"。

(六)创新精神

金利来领带的创始人曾宪梓说:"做生意要有创意而不是有本钱!"在竞争激烈的市场中,缺乏创新的企业很难站稳脚跟,改革和创新永远是企业活力与竞争力的源泉。

(七)决断力

在创业界,往往是风险与机会并存。创业者必须善于发现新生事物,并对新生事物有强烈的探求欲,还要必须敢于冒险,即使没有十足把握,也应果断地尝试。

(八)洞察力

创业成功与否,眼光起了决定性作用。很多资金不多的小创业者,都是依靠准确抓住某个不起眼的信息而挖到第一桶金。

二、大学生创业精神培养

当前国家、政府、社会、高校、企业对大学生创业教育都投入较大,但是对创业精神培养尚未达成共识。许多高校虽然设立创业指导中心,对大学生创业给予了一定的指导扶持,但对大学生创业精神的培养不够重视,创业教育就成了无源之水,不能培养出社会需要的高素质创业型人才,就不能做到可持续发展。导致很多大学生对创业教育还存在着庸俗化理解,仅仅认为创业教育是要帮助学生如何获得利润,没有使大学生认识到创业是自我实现和人的全面发展的途径,创业是个人发展的使命和责任。解决这一问题的关键在于要重视创业精神的培养。杰弗里·蒂蒙斯和小斯蒂芬·斯皮内利(2008)在其《创业学》(第六版)一书中指出创业者是乐观主义者,他们诚实正直、渴望竞争,他们从失败中汲取教训,充满自信。

大学生创业心态的改变需要做到如下6点:(1)转变思维方式。态度决定一切,解决心态问题是大学生创业的第一步。有创业意识的人要跳出传统择业观念和思维模式,大学生创业者要有意识地改变这样的心态,相信认可自己,为自己所用。(2)捕捉市场机会。当你发现市场机会时,应当迅速把它抓住,因为它确实是大学生创业的关键。(3)危机预警。"人无远虑,必有近忧。"从跨入大学的第一天起,大学生就应该给自己施加压力,强化危机感,有意识地做好创业的准备。(4)坚定信念。创业之路不可能一帆风顺,面对困难要有平常心,坚定自己的信念。(5)主动适应。社会不会以你的意志为转移,每一次变化就意味着机会。当代大学生对社会的变化要始终保持敏感,这才是创业的良好心态。(6)与时俱进。一个人想要成功,就要做到求变求新,还要具备走一步看两步的能力,不断开阔眼界才能求得更大发展。

三、培养大学生创业精神的基本途径

培养大学生的创业精神必须从创业理想、创业文化、创新思维、创业心理品质、创业规范意识等多方面入手,做到发展协调、相辅相成、形成合力。个人对于创业的理解追求是在生活实践中陶冶训练出来,具有不断创新和完善的自觉力量。高校可以通过以下途径,培养大学生创业精神。

(一)加强创业理想信念教育

通过开展创业教育,可以增强大学生的创业意识,树立创业理想,端正创业态度,树立正确创业人生观、价值观,将创业理想转化为自己自觉的行动。创业精神的核心是理想,树立远大创业理想,方能使大学生深刻认识到人生使命,勇于开拓创新事业。

(二)有机融合创业认知与创业环境

皮亚杰认为,一切认知都离不开认知结构的同化与顺应功能。创业精神的培育过程,也包含"同化—顺化"的心理机制。"同化"与"顺化"使得不断接收

到新的有关创业精神的知识、观念、示范,大学生将根据自己以往对创业精神的认知,在创业环境的激发下,将创业精神认知内容进行更新、成长和升级,达到预期效果。同时要树立创业的榜样,宣传成功创业的典型,广泛利用多种媒体宣传工具大力宣传创业的重要意义,在校园形成想创业、爱创业,以创业为荣的氛围,引导校园形成鼓励创新、开拓进取、宽容失败、团结合作、乐于奉献的创业文化氛围。

(三)科学开发创造性思维

传统的思维方式注重直觉和直接经验,注重整体把握而忽视逻辑分析,约束了人们的创造力,不利于创业教育,使学生缺乏创业路径、缺少创业技能、缺乏创业热情、缺少求异思维,不愿意承担风险。而创造性思维训练是创业的前提和基础,是创业精神的有机组成部分。

(四)提供创业实践锻炼平台

学校要构建创业实践基地,为学生提供更为便利的创业实践,如创业见习基地、创业实习基地和创业园等,实现产、学、研一体化。社会要为大学生提供更多的创业岗位供学生选择,学生自己课余主动参与创业实践,积累创业经验,增长创业才干,减少将来创业盲目性。只有经受创业实践的锻炼,形成良好创业精神品质,带来及时的反馈和成就感,创业目标才会更加明晰,创业信念才会更加强烈,才会形成良好的创业习惯和人格。

(五)塑造创业心理品质

高校要注重对大学生创业心理的指导和培养,培养积极的创业心态和自立自强、百折不挠的顽强意志,将心理知识内化为大学生的心理品质。

开展抗挫折教育主要是培养坚忍不拔的意志、奋力拼搏的勇气、百折不挠的坚韧性等。重视学生独立性、果敢性、坚韧性、适应性和合作性等个性心理品质的塑造和培养。此外,还要鼓励大学生积极参加各种社团、培养良好的社会适应能力,培养社会责任感、锻炼人际交往能力。

第二章 创新创业教育背景下高校人才培养现状

第一节 我国高校创新创业人才培养的发展及发展趋势

一、我国高校创新创业人才培养的发展

我国真正较完整地提出要重视创新创业人才的培养工作是1999年教育部公布的《面向21世纪教育振兴行动计划》文件,文件提出要加强对教师和学生的创新创业教育,鼓励他们自主创办高新技术企业。高等教育要重视培养大学生的创新能力、动手实践能力和创业精神,普遍提高大学生的人文素养和科学素养。2002年4月,教育部在清华大学、北京航空航天大学等9所高校开展创新创业教育试点工作,这是我国高校创新创业人才培养的开始。2010年4月,教育部召开推进高等学校创新创业人才培养和大学生自主创业工作视频会议,创新创业人才培养要面向全体学生、结合专业教育、融入人才培养的全过程就是在这次会议上提出的。同年5月,教育部下发《关于大力推进高等学校创新创业教育和大学生自主创业工作的意见》,标志着我国的创新创业人才培养工作进入了教育行政部门指导下的发展阶段。为了加快建设创新型国家的进程,发展高等工程教育,在教育部颁发的《国家中长期教育改革和发展规划纲要(2010—2020)》和《国家中长期人才发展规划纲要(2010—2020)》中,提出了"卓越工程师教育培养计划",并被列为重大的高等教育改革项目。同年6月,教育部启动了"卓越工程师教育培养计划",旨在培养大批能够引领我国工程科技发展的创新型工程科技人才。2012年7月,教育部下发《关于印发普通本科学校创业教育教学基本要求(试行)》的通知,对普通本科学校的创新创业人才培养工作作出了部署,提出要面向所有大学生开展创新创业教育。从此,我国普通本科学校针对所有专业进行全面培养创新创业人才。

二、我国高校创新创业人才培养的发展趋势

根据当前国际上愈演愈烈的经济、文化和军事的综合国力竞争形势,大力发展创新创业教育、培育创新型人才已成为发达国家保持其科技领先地位的重要保障。而发展中国家要在某些领域赶超发达国家,在高校实施创新创业教育、培育创新型人才是未来教育改革的重要内容和方向。本部分基于创新创业教育的发展历程回顾和规律分析,对其未来的发展趋势做出如下总结。

(一)教育体系由封闭、统一、刚性转向开放、灵活、柔性

除了学校的教育体系的系列因素外,社会环境同样对学生的创新品质及创业素质具有很大的影响,因而封闭的教育形式必将被淘汰,现代教育体系必将与社会、企业等进行更多的信息交流和沟通,为创新创业教育的人才培养目标制定、教育内容、课程体系安排、教学方法设计、人才评价制度等提供指导性的帮助,开放型的教育体制有利于加强学校师生与社会的联系和教育系统各个部分、环节间的顺畅沟通,形成学习型的社会和高校。同时,统一呆板、过于刚性的教育体系,必然会与学生的意愿、兴趣相违背,不符合个性化教育理论中因材施教的基本规律和原则,会抑制学生的个性化发展,不利于其创新意识和创业能力的培养和发挥,阻碍其创新创业行为的开展。因此,在未来的创新创业教育体系设计中,必须要对计划经济体制下形成的封闭、统一、刚性的制度进行深化改革,建立开放、灵活、柔性的与创新创业教育基本规律相一致的制度体系。[①]

(二)教育制度由集权型转向分权型

根据个性化教育理论,创新创业教育需要针对各高校的实际情况和学生个体的自身特点及条件来因材施教,以便为社会培养出个性鲜明、创造性丰富、具有创新能力的人才,从而满足现代化建设的人才需求。国内外创新创业教育的演化历程表明:高校、各机构、教师及学生拥有充分的自主权是成功实施创新创业教育的基础。人们也越来越强烈地意识到,中央集权型的教育制度总体而言并不利于创新创业教育的实施,过于集权的体制限制了教育的因地制宜和因材施教,因而,在加强中央宏观调控的同时,逐步将教育管理和办

①曹爱霞.新工科视域下应用型高校创新创业型人才培养模式研究[M].延吉:延边大学出版社,2018.

学自主权下放至地方和学校,以扩大其教育职责和权限,充分调动其办学积极性和创新创业教育的激情,增强学校适应社会经济发展的活力将成为创新创业教育体制改革的一大方向。

(三)管理方式由集中控制、消极服从型转向宏观调控、主动适应型

在传统集权型教育制度下,高等教育的主管部门用集中控制的管理方式将高等院校的教育形式、课程安排、学生管理等均纳入其自己制定的各种教育规则范围内,而高等学校则表现为消极服从地遵守各项规章制度,这种集中控制和消极服从型的管理方式同样存在于高等学校内的管理部门与各个基层部门、教师和学生之间,并极大地压抑了高等院校、教师和学生在工作学习中的主动性、积极性、创新精神和创业意识,因而,在教育主管部门将权力下放,由集中控制管理形式转向宏观调控的同时,创新创业教育还需要校内各管理部门将事无巨细的过程管理转向目标控制,教师也将赋予学生较大的自主性。

(四)师生关系由权威性转向平等民主型

在传统的教育观念里,师生之间是命令与服从、教授与接受的关系,学生须将教师当作权威来服从,这与创新创业教育的主体教育理论基础相违背,只有在独立、平等、民主的关系中,双方互相负责、尊重、质疑、沟通并交互意见,使学生不断地主动发现问题、创新问题并解决问题,才能有利于学生的创新意识和创造力的培育,得以自由成长。这种平等民主的关系包括师生之间和学生之间,即要给予所有学生平等参与的机会,加强每个人的主体意识,在尊重对方的选择和意见的同时,对自己的意识和行为负责。

(五)教育过程、途径、方式、评价转变

目前大部分高校依旧是沿用传统的灌输式教育过程和方法,由学校设计课堂教学课程,教师以课本知识的传授为主,而学生以课本知识的记忆、背诵为主,学习过程主要靠纪律惩罚来维持。创新创业教育必然需要突破这种传统教育方式,转向启发式教学才能实现其创新和创业效果。首先是教育管理形式由封闭、强制和集中转向开放、参与和自主;其次是教学过程由学生对知识的被动接收、储存和积累转向信息主动获取、灵活选择、提取、加工,由教师给学生现成唯一的标准答案转向启发学生举一反三、主动提问,鼓励其不断质疑并思考,从多方面提出设想方案,并从中进行选择和决策,促使其自主式学

习,不断创新;再次,教育途径由注重课堂转向课堂内外并重,将课堂教学与课外实践活动相结合,由单一的教学转向教学与研究相结合,重视学生兴趣和个性的培养;最后,教育评价也由注重选择转向注重培养。此外,随着教育改革的深入和创新创业教育的发展,在教育体系、制度、管理方式、师生关系及教育方式、过程、评价等方面都将发生深刻的转变。同时,创新创业教育将逐渐分类化,由单一课程体系细分为新技术创新与创业、家族创业、妇女创业、大型机构创新和创业等分支,从而取得更长足的发展。

综上所述,我国高校大学生创新创业的意识、素质和实践能力均有明显增强。国家出台一系列优惠政策深受广大高校毕业生欢迎,为促进高校毕业生创业发挥了重要作用。总体上讲,我国研究型大学毕业生创新创业情况还不是很理想,突出表现在创新创业的呼声高、意愿高,但是创新创业活动的参与度低、成功率低、项目技术含量低、创业促就业实效低等。目前我国大学生创业比例与国外相比差距较大,我国大学生创新创业教育尚处在起步探索阶段。

第二节 我国高校创新创业人才培养存在的问题

在创新创业人才培养的过程中,各高校虽然取得了一定成绩,但是,由于受传统文化、应试教育体制等因素的制约,我国高校培养出来的人才创新创业能力和实践能力不强,社会适应能力和参与国际竞争的能力较弱,我国各行各业的创新创业型人才紧缺,尤其是关键领域的高层次创新创业人才匮乏。我国高校目前的创新创业人才培养水平和人才状况,还不能完全适应国家的发展战略和经济社会发展的需要,同国际发达国家相比还有明显差距。统计数据表明,大学生创业的人数在整个大学生群体中所占的比例还不到2%,远远低于发达国家大学生20%的创业比例。多年来,我国在创新创业人才培养的过程中存在着一些问题。

一、创新创业教育理念认知不清晰

由于创新创业教育在我国发展的历史还不长,部分高校和学生未给予充分明确的认知,对其内涵的理解也不是很清楚,没有与时俱进跟上时代步伐。一些高校的教育教学活动仅限于理论知识的传授,忽视对创新创业素质的培养,或者实践活动流于形式或只针对部分精英学生,没有真正达到全面提升全体学生创新创业能力素质拓展的终极目标;有些人没有认识到创新创业教育的内涵和意义,误以为就是教学生开"公司",或者是"颠覆传统",曲解了对创新创业人才培养的定位;更不可取的是甚至有些人认为创新创业教育的开展需求意义不大,是学生毕业以后的事,是就业问题下下之策,只是极少数人的事;社会对创新创业教育认同度不够,不敢轻易冒险,害怕失败,对有创新创业想法的毕业生不够理解和宽容,不易得到家庭和社会的支持。[①]

另外,创新创业教育在我国起步晚,仅有十几年的历史,还处于探索、摸索和起步阶段,现阶段并没有被社会和高校完全认同和接受;人们对创新创业教育的必要性、重要性和紧迫性的理性认识尚未形成。对于一个以公有制为主体的国家而言,作为创业初期形式的个体中小企业蓬勃发展还有很长的路要走;加之中国长期以来"学而优则仕"的观念深入人心,稳定仍是大多数大学生和家长追求的目标,整个社会的创新创业意识淡漠,氛围不浓厚;现阶段高校的创新创业教育更多的价值取向还是解决目前的大学生就业困难,并没有把它当作是一种长期的培养优秀人才的行为,导致创新创业教育内涵和价值的缺失;有的高校仅仅把创新创业教育等同于创业计划大赛等简单的形式,过分注重了比赛成绩的追求,是功利性的创新创业教育理念;还有的人认为创新创业教育旨在培养经理人而非具有事业心和开拓精神的创业者,导致创业活动停留在了利润与财富创造的功利性层面上,并没有上升到开创事业的理性层面上。

总的来讲,现阶段我国的创新创业教育理念没有深入人心,创业教育作为大学生应有的"第三本教育证书"的理念还没有被多数学生、教师、学校管理部门所接受。

二、培养主体单一

目前,我国的创新创业人才培养主要依靠高校,培养主体单一,这根本不符合创新创业人才培养的规律。培养创新创业人才是一项系统而复杂的工

---

①顾明远,鲍东明.创新创业教育研究[M].上海:上海教育出版社,2019.

程,需要学校、政府、社会的多方合作,尤其是需要工业企业界的积极参与。高校必须开放办学,拓宽培养主体范围,走校企协同培养创新创业人才的道路,这样才能形成完整的创新创业人才培养链。

三、忽视对学生人格的塑造

构建创新创业人才培养模式,首先要转变传统的应试教育理念和办学模式。传统的应试教育理念以学科为中心,重理论轻实践,采取的是灌输式教学方法,衡量学生优劣的主要标准就是看考试成绩的高低。我国高校对创新创业人才培养的模式进行了不同程度的创新,取得了一定的成绩,但传统的应试教育理念根深蒂固,培养出的大学生仍是寻找标准答案的工具,虽成文有余,但创新创业精神和动手实践能力不足,不敢于承担创业可能带来的风险。秉承这种落后的应试教育理念培养人才导致的结果就是在一定程度上忽视了对学生人格的塑造和能力的培养。我国的区域发展不均衡,政府用相同的模式规范去约束各地的高等教育,是极其不科学、不合理的,严重影响各地学校办学特色的形成。高校缺乏办学自主性和创新活力,办学无个性、无特色,这种缺乏办学特色的办学模式十分不利于创新创业人才的培养,培养出来的人才也都是缺乏创新精神和创新能力的统一产品,共性有余、个性不足。

四、创新创业教育与专业教育分离

目前,我国高等教育主要以专业教育为主,高校依据专业人才培养方案,按照设定的课程体系来实施专业教育。所以,要想将创新创业教育与专业教育科学合理地融合起来,绝对不只是增加几门创新创业课程的问题,而是应该在专业人才培养方案和课程体系的各个环节都融入创新创业教育的理念。但是,现在我国多数高校对创新创业教育的认识不全面,并未将创新创业多样化人才的教育纳入专业教育的人才培养体系中,创新创业教育与专业教育融合不紧密,独立设置的创新创业教育课程与专业学习的关系不大甚至相互独立,导致创新创业教育与专业教育相分离,学生吸收的创新创业知识与专业知识独立存在于头脑中,在实践中无从发挥,高校开展的创新创业教育与市场需求和社会对人才的需求难以有效地接轨。

五、教师缺乏主动性和积极性

师资是创新创业教育取得成功的关键因素,创新创业教育对于教师的综合素质和创新创业能力的要求比较高,要求教师既要具备扎实的专业理论知识,又要具备丰富的创新创业实战经验和较强的创新创业能力。而我国地方性理工科院校的教师大多本身就缺乏创新创业教育的理念,对企业的认识和了解不深入,虽然有不少教师能从理论层面上对市场和竞争规律进行分析,但由于缺少激励机制,加上实际情况的限制,教师无条件深入企业进行调查研究,很少亲自动手编写案例,使课堂教学拘泥于书本或现成的案例材料,创新创业教材选用的随意性比较大,教学内容不能与时俱进。教师的教学创新能力不足,多数教师在教学的过程中仍然进行"满堂灌的填鸭式"传统教学,教学方法陈旧统一,对创新创业教学法的研究缺乏积极性和主动性。

六、缺乏系统化的创新创业教育指导

在新加坡,创新创业教育从小学就开始了,而我国高校对学生的创新创业教育缺乏系统化的创新创业课程和实践活动,大多只集中在对学生创业计划竞赛的指导和就业指导上,无法全面提高大学生的创业素质并形成创新创业的浓郁氛围。目前高校的创新创业教育大多基于稳定环境下的传统工商管理知识,缺乏面对不确定环境下的应对之策,与社会大背景缺乏联系,没有形成一支面向社会的具有良好结构和职业背景的专职创业教育师资队伍。

七、忽视素质教育在创新创业教育中的作用

"90后"大学生由于过多地得到父母无微不至的关怀和呵护,致使其意志薄弱,缺少自信,缺乏独立自主和团队合作的精神。而这些缺乏的素质,正是创业应具备的基本素质。联合国教科文组织提出教育应做到学会认知、学会做事、学会共同生活、学会生存。高校教育要围绕素质教育展开,这是高校教育的最重要部分。创新创业教育是高校素质教育中不可分割的部分,创业教育应把关心人、爱护人、尊重人和充分激发人的创造性放在首位,将素质教育与创业创新有机融合,以全面提升学生的综合素养。

八、教学方式缺乏创新

目前各高校在创新创业教育中依然沿用应试教育的老路,主要以讲授加试卷考核为主,最多增加一些案例分析、课堂讨论、作业等辅助方式。大部分学生

习惯于上课记笔记,考试死记硬背,没有创新思维,活学活用知识、分析问题能力和解决问题能力差。因此,在教学方式上,要充分利用多媒体、实验室等教学资源,采取案例教学、项目教学、网络实践模拟教学和创业素质拓展训练等新的教学手段,变单向式教学为学生们能够亲身体验和操作的参与性更强的教学方式。

九、教学管理体制滞后

目前,我们的教育管理体制不能适应社会对高素质复合型人才培养的需要,更缺乏对创新创业教育的支持。教学管理责权不明,权力过分集中,将从事创新创业教育专业教师的工作锁定在教学上,制约限制了他们面向社会、市场的积极性和主动性,造成了脱离市场、社会的封闭式教学体制。

十、创新创业教育师资队伍力量薄弱

由于创新创业教育在我国还处于发展的萌芽阶段,为人师者"传道、授业、解惑也",首先教师要有创新创业意识,才能引导和培养学生这方面的兴趣、意识和能力,常言说弟子的修为得靠"师傅领进门"。然而,目前我们在这方面的师资队伍较为薄弱,教师的实践经验尚浅,没有一支优良稳定的创新创业教育教学科研队伍,大多不是专业教师,而是兼课教师。虽然绝大部分是研究生、博士,但他们也是走出校门又迈入校门,知识较丰富,但缺乏创新创业的经历和经验,没有参加过一线的实际锻炼,没有接受系统的培训,更不具备实践指导能力,这就造成了在教学过程中只会理论说教,理论和实践严重脱节,甚至滞后。所以薄弱的师资力量,加上其教学内容和模式几乎是围绕着单一的理论层面,教师队伍实际情况难以适应形势需要,难以展开到有效的实践空间去,达不到创新创业教育的最终目的。

第三节 创新创业人才培养存在问题的原因分析

一、教育理念落后

教育理念具有引导定向教育实践的意义,教育理念决定着人才培养模式。在欧美等发达国家,主张个性发展和创新创业能力培养的人文教育有着悠久的

历史,以学生为中心的教育理念已经深入人心。相比之下,我国10余年来提倡以人为本,高校提出要树立以学生为中心的教育理念,但在实际的教学活动中,以学生为中心的教学理念却未能落实到位,而是更加倾向于以社会需求为本,相对而言,则在一定程度上忽视了对学生进行个性化的培养。另外,寻找正确答案的教育方式在我国的教育理念中已经根深蒂固,应试教育制度以教授学生寻找标准答案为方向,重理论轻实践,这种教育理念的结果就是学生虽学会了如何寻找正确答案,但与此同时,却丧失了最为重要的创造性发散思维和创新能力。

二、管理体制改革不到位

20世纪80年代以来,政府通过权限下放,给予了地方政府和高校更多的管理权和自主权。但是,这种权限的下放只是把管理的重心下移,并未超出原有体制的范围。我国的区域发展不均衡,政府用相同的规范去约束各地的高等教育,是不科学、不合理的,严重影响学校办学特色的形成。高校缺乏自主性和创新活力,办学无个性、无特色,这种缺乏办学特色的办学模式十分不利于创新创业人才的培养,培养出来的人才也都是缺乏创新精神和创新能力的统一产品,共性有余而个性不足。[1]

三、培养模式创新不够

发达国家高校的人才培养模式比较科学,以培养学生的个性发展作为明确的教育理念,把学生的个性培养放在人才培养的首位,人才培养制度具有"宽专业、厚基础、强能力"的特点。相比之下,我国高校采取的则是"窄专业、薄基础、弱能力"的人才培养方式。经过多年实践经验的总结,我国各地许多高校已经认识到传统的人才培养模式存在不足之处,纷纷开始借鉴国内外成功的创新创业教育经验,从人才培养模式的基本要素培养目标、培养内容、教学方法及评价体系着手改革探索人才培养模式。但是由于受传统教育观念、教育管理体制等因素的限制,人才培养模式的改革大多只是停留在口号上,创新创业的培育理念并未深入人心,创新创业课程设置不科学,缺乏系统性和科学性的本土化的优质创新创业教育教材,校内创新创业教学平台欠缺,校企产学研结合不紧密,加上创新创业人才培养模式的评价体系并未构建起来,所有

---

[1]李雪梅,蒋占四.创新·创客与人才培养[M].西安:西安电子科技大学出版社,2017.

这些因素导致创新创业人才培养模式的综合改革效果并不明显。虽然经过多年的改革,借鉴了发达国家的成功经验,但按专业招生与培养的情况并未改变。大学生一旦进入高校,就被分入十几个甚至几十个不同的院系,所学的知识也就被锁定在一个个狭窄的胡同里面,有些工科院校纯"机"、纯"电"人才培养模式的现象非常普遍。在教学方法上,创新创业教育较发达的国家采用的是探究及讨论式的教学方法。相比之下,我国多数高校还是采取以教师系统地讲授理论知识为主,在授课的过程中只是增加提问的次数或进行简单的讨论。实践教学时间短、次数少,实习基地不丰富,产学研结合不紧密、大多流于形式。导师制度不健全,有的学校的本科生一般到最后一个学年才有所谓的论文导师。高校或用人单位对人才的评价也大多以所谓的标准答案及考试成绩定优劣,而这是极其不科学、不合理的。

四、价值导向失衡

教学与科研是高校的两个重要职能,教学是立校之本,科研是强校之路,但在实际的工作中,高校往往不能站在客观的角度较均衡地处理两者的关系,教学和科研的价值导向失衡,多数高校普遍出现"重科研、轻教学"的现象。高校主管部门在考核评价高校的等级,对高校重点学科的数量、重点实验室的数量、科研经费的审批等诸多环节上,多与高校科研成果的等级和数量挂钩,导致的结果就是高校的教学与科研的失衡。加上教学效果的内隐性和科研成果的速显性,使高校更加倾向于短期内即可成效速显的科研工作,反而忽视了作为高校根本任务的人才培养工作。有些高校甚至为了使科研成果的等级和数量尽快取得突破,往往对科研采取倾斜政策,在课题的立项、科研经费的取得、职称晋升、收入的分配等方面,与教师的科研成果相挂钩,鼓励全校教师积极参与科研活动。教师把精力主要放在了申报课题、申请科研经费、发表论文和专著上,而教师的本职教学工作反而退居次要。在高校重科研、轻教学的大环境下,创新创业人才的培养是个难题。

五、创新创业教育观念不足

在社会层面,创新创业意识薄弱,观念陈旧,人们在思想观念认识上还存在着不少误区。我国3000多年传统儒家文化导致的传统守旧意识、"重农抑商""学而优则仕"等传统保守观念,严重影响了社会对大学生创新创业教育的认识,不能主动接受变革和创新,使我国的教育长期定位于"适应性教育",扼杀了学生勇于挑战、敢于表现自我的个性。可以说,长期处于这种环境下的大学生,因受传统文化的深入影响后,其表现出自信心不足,主动性、独立性和进取精神差。缺乏强烈的创新意识和创业欲望,整个社会缺乏创新创业的氛围,不能树立正确的创新创业教育观。转变观念,正确定位。首先,克服自卑心理,排除心理障碍,通过调查,一半以上学生认为那是"少数精英"才能干成的事,其实不然,实际上每个人都可以。另外,家庭观念落后也造成一定程度的影响,很多家长希望自己的孩子顺利毕业,然后考公务员或找一个稳定的单位工作,不能理解孩子创新创业的想法,认为是瞎胡闹,而不予以支持。家长对大学生创新创业持冷漠和排斥态度,认为风险大、不稳定,直接扼杀了大学生的创新创业意愿。

在个人认识方面,大学生毕业择业期望值过高,本身又缺乏独立思考、判断、行动的能力,不能勇敢面对社会,所以多数人首选找工作而不是进行创业。现在的独生子女多受家庭的溺爱,缺少创新精神敬业精神、团队精神、吃苦精神等,长期养成了"等、靠、要"的思想,创新创业意识淡薄,不能主动抓住机会创造机会寻求更高的发展。

总体来说,科学的教育理念是支撑高等教育实践稳步前行的内动力。现阶段人们对创新创业教育的意识和理念较淡漠,并没有真正使这种理念和意识深入人心。汪丁丁认为:"当整个社会被嵌入一个以人与人之间的激烈竞争为最显著特征的市场之内的时候,教育迅速地从旨在使一个人的内在禀赋在一套核心价值观的指引下得到充分发展的过程,蜕变为一个旨在赋予每一个人最适合于社会竞争的外在特征的过程。"它作为学生应有的"第三本教育护照"与学术教育、职业教育有着同等重要的地位和作用,尽管这种认识还没被社会和高校完全接受和认同。创新创业教育在我国起步比较晚,大家对创新创业教育的理性认识仍未成熟,在十几年的历史发展中还处于摸索、探求的初级阶段,还没有真正清楚它对社会经济发展和大学生健康成才的必要性、紧迫性和重要性。目前大部分家长和学生在就业观上仍以追求稳定工作和经济收入为最终目标,社会整体对创新创业教育意识淡漠,对创新创业教育内涵理解有偏颇,对创新创业教育价值存在缺失,对创新创业教育认知存在严重方向偏离,氛围不浓厚,更多人认为创新创业教育是缓解就业压力的一种途径,是大学生就业难的一时之举、缓兵之计。这种教育仅仅是学生毕业前的常规性指导、技能技巧的加速充电,误认为创新创业教育只是职业教育的任务,误认为高校进行创新创业教育的初衷和最终价值取向就是解决大学生就业困难的问题,根本没有将创新创业教育看作国家培育优异接班人和复合人才的思想渗透和一种创新行为的进程。根本没有具备将创新创业教育作为一种长远、恒久的培养学生创新创业综合素质的理性认识。

在高校开展创新创业教育活动中,有大部分学生认为创新创业教育只是少数学生受益的简单教育形式,只有很少数量的具有较强创新能力、理论学习成绩非常优秀的学生接受的教育,这种教育是为创办新企业或新公司,培养有潜质的学生最终成为社会的企业家或老板极为常规和技能性的一种教育活动,作为大众群体的大部分学生很难以涉足其中,认为创新创业教育只是挖掘少数学生的潜能,并非面向全体学生去培养他们的开拓精神、综合素质、全面发展的具有事业心的创业者和岗位创造者,创新创业教育没有形成全体学生受益的大氛围,错误地认为创新创业教育就是当下教育体系中的一种精英教育,学校、老师、学生过分注重了创新或创业计划大赛比赛成绩的追求,将此类赛事变成了具有较强精英色彩的比赛。只重视创新创业能力培养,而忽视学生创业观念改变;只重视自主择业、竞争择业的就业与择业观的树立,而忽视自主创新、自主创业的创业观的树立;只重视对职业适应、岗位适应的教育,忽视创造职业、岗位创新的指引。将创新创业教育凭其感性地认为是一种功利性活动,这种理念的缺失,很容易使比赛最终印有极强的精英化痕迹,而最终冷落了大部分学生,扼杀了学生们的创新创业精神。这一切都将导致创新创业教育难以升至开创事业的理性层面上,使其仍滞留在了财富、功利、收益等功利层面上。创新创业教育的主导和灵魂是它的创新创业精神。可见,创业家和创业家精神可谓我国目前稀缺少有的资源和财富,这也是推动社会经济发展的起决定作用的一股坚不可摧的力量。

这种高校创新创业教育理念的缺失、观念的偏差、意识淡薄、目标定位不清晰、自主创新能力的不强,难以升至创业理性层面,很难使培养出的学生在激烈的社会竞争中处于较强的优势,因此应该加强高校创新创业教育使大学生学会学习、学会生存、学会发展，它是受教育者勇气、自信、诚实、协作、双赢、信仰的陶冶教育，在贯穿于人才培养的全过程中也显得至关重要。

六、社会创新创业环境缺失

在这次调查中我们得知，许多学校还有学生对创新创业教育的环境氛围很陌生，也就是说，目前还没有形成一个有利于培养、鼓励保护大学生创新创业的良好的社会环境。究其原因，首先，旧观念的束缚，加上传统接受教育的影响，限制了人们的创新求变思想，造成了人们害怕风险，不敢逾规，没有主动性。其次，我国单一的教育培养模式，限制了大学生创新创业能力的培养，"分数成为衡量一切教育质量的唯一标准"，学生从小到大在死记硬背中接受教育，在这样的社会文化环境氛围中很难点燃大学生的创新创业热情，更别提孕育出创新创业的高素质人才了。最后，社会大环境还没有形成接受个性创新的宽松的态度。社会投资支持力度不够，使得创新创业教育基础设施不够完善，创新创业观念没有正确树立，还没深入人心，与之相配套的政策、法律体系还没有建立起来。政府在注重当前经济需要与长远全面发展矛盾面前，有些急功近利，有些措施治标不治本，对创业培训、商务支持等方面的实施力度还有待加强。在经济环境方面，大学生创新创业的启动资金融资困难、门槛高，阻碍了其在经济社会中的竞争力。另外，在行政管理方面，大学生创新创业活动并没有从政府那里得到多少具体的支持和优惠，相反还存在一些对刚走出校门的大学生不利的条款。社会创新创业环境欠缺表现在以下几点。首先，社会认同度不高，没有充分认识到创新创业教育的重要意义，也没有相关和谐良好的文化氛围及工作环境支持，一些成文的不成文的"潜规则"断送了多少创新创业者的梦想和激情。其次，基金政策滞后，缺乏资金成为大学生进行创新创业活动最大的障碍，目前教育资金来源单一且总量有限，投入资本市场相对落后，创新创业投资不充足，融资困难，许多创新创业计划难以付诸实践。再次，扶持政策疲软，尤其是涉及劳动保障、银行等相关部门时，针对大学生创新创业的扶持政策尚未出台，创新创业实践得不到有力保证。最后，市场信息不完全，由于相关配套设施不完备，就不能及时清晰地了解劳动力市场信息、相关科技知识更新及经济形势变幻，造成自我信息搜索、搜索技能等受到客观条件限制，一定程度上束缚了创新创业教育作为社会发展强有力的推动者作用的发挥。

第三章 创新创业教育背景下高校人才培养目标的定位与策略

第一节 高校创新创业教育人才培养目标的定位

运用创新创业教育的基础理论可以更好地确立高校创新创业教育人才的培养目标,本节主要以中国高职教育为讨论重点。

中国高职教育的发展已经有40多年的历史了,在这40多年里,中国社会经济发生了飞速发展,科学技术不断进步,中国的社会进入了大发展的时期,与之相对应的高等职业教育的人才培养目标定位也在不断地发生变化。高职教育要与技术进步保持协调一致,不断反映转型期经济社会发展的新要求,才能不断实现其存在的价值。研究高职创新创业教育人才培养目标的定位,首先要了解中国高职教育人才培养目标的发展变化,以及高职创新创业教育的现状,才能更加准确地定位新形势下创新创业教育人才的培养目标。[①]

一、高职教育人才培养目标的发展变化

(一)中国高职教育人才培养目标的发展历程

随着高职教育发展规模的不断壮大,中国对高职教育人才培养方向的定位始终在不断地变化发展着。中国是一个民族众多、地大物博的国家,各地经济社会发展差异很大,对高职毕业生的需求也不一样。最早对高职人才的培养要求为高层次实用技术人才,但这样很难界定大量文科方向的毕业生,如果是技能型也很难界定许多社会事业类专业毕业生的方向,更何况,高职教育的培养目标在一定的培养阶段也会出现不同的重点和方向。这就要求对高职毕业生的培养,不仅要有技术、有技能,更要有一定的管理知识和服务理念,具有一定综合性,形成了中国高职教育的人才培养目标多年来一直处在变化不定

①郑彦云.大学生创新创业能力培养[M].广州:暨南大学出版社,2017.

之中,从开始提出的"高层次实用技术人才""实用型人才""应用型人才",到后来的"高技能人才",再到现在提出的"高素质技术技能型人才",形成了不断发展变化的、多层次的培养目标。

1.高职形成阶段的"高层次实用技术人才"培养

1980—1993年,中国开始了以"高层次实用技术人才"培养为导向的职业教育。

中华人民共和国成立后,短期职业大学的创立标志着具有职业教育特征的高等教育在中国产生。1980年中国高职教育在部分城市开始起步。1980年8月,南京市政府率先创建了金陵职业大学,此后,其他地区纷纷效仿,也建立了为本地培养经济建设人才的短期职业大学。后来,这些学校的这种办学形式得到了教育行政部门的认可。1982年,全国人大五届五次会议勾画了试办短期职业大学的蓝图,为满足地方经济建设对专门人才的需要,以"收费、走读、不包分配"为主要特点的短期职业大学,是中国新时期高职教育的肇始。

关于人才培养目标,教育部在相关文件中给予了规范:"根据地方的需要,按照灵活的教学计划招收自费走读的学生,使学生将来可担任技术员的工作。"当时有大学校长分析认为,高职院校培养的学生是地方经济建设需要的"工程师和技术员"。也就是说,技术人才是高等职业大学办学之初的人才培养目标定位,这一点当时的高等职业大学和教育部达成了共识。

1985年,原国家教委批准在上海电机制造学校等3所中专学校基础上试办5年制技术专科教育,目的在于为中国经济建设战线培养出大批中级和高级专业技术和管理人才,以改变目前和今后一段时间内生产第一线人才奇缺的状况,以培养应用型、工艺型人才为主要目的。这种做法一方面把技术人才之外的管理人才也列入了高职教育的培养范畴,另一方面确立了高职教育人才培养类型为"应用型、工艺型"。1987年,《国家教育委员会关于改革和发展成人教育的决定》指出,职业大学要利用同企业、行业的紧密关系,根据需要,举办高等职业技术教育,为企业事业单位培养"生产、经营管理方面的专业技术人才"。

1991年1月,原国家教委和中国人民解放军原总后勤部共同批准,在邢台军需工业学校基础上建立邢台高等职业技术学校,试办高等职业技术教育,专科层次,学制3年,"学校的培养目标为拥护中国共产党的领导、坚持社会主义方向、德智体全面发展、掌握有关专业的基本理论知识、具有较强的动手能力、一般应达到五级及其以上技术等级的技艺型人才",这是对技术等级有具体要求的技艺人才。同年10月,国务院要求"积极推进现有职业大学的改革,努力办好一批培养技艺性强的高级操作人员的高等职业学校",该文件明确提出高职教育的人才培养目标是"技艺性强的高级操作人员"。

从相关文件文本的表述中可以看出,此时期,职业大学这一新的高等教育办学机构还处在研究、探索之中,"高职教育"作为高等教育的一种类型还没有明确提出,人才类型多样化的观念也还没有形成,对包括普通高等专业教育在内的高等职业教育人才培养方向定位尚不十分清楚。

2.高职探索阶段的"实用型人才"培养

1994—1998年,中国以"实用型人才"培养为职业教育的导向。

20世纪90年代,教育结构调整成为中国高等教育发展的主旋律。1994年,全国教育工作会议提出通过"三改一补"积极发展高职教育。此后,《中华人民共和国职业教育法》与《中华人民共和国高等教育法》的颁布与实施确立了高职教育的法律地位,这标志着高职教育作为一种崭新的高等教育类型在改革中开始稳步发展。1995年8月,原国家教委在全国高等职业技术教育研讨会上提出:高等职业技术教育是属于高中阶段教育基础上进行的一类专业教育,是职业技术教育体系中的高层次,培养目标是生产服务第一线工作的高层次实用人才。这类人才的主要作用是将已成熟的技术和管理规范变成现实的生产和服务,在生产第一线从事管理和运作工作,这类人才一般称为高级职业技术人才。1996年6月,原国家教委主任朱开轩在全国职业教育工作会议上指出,从中国的国情出发,高等职业教育主要培养高中后接受两年左右学校教育的实用型、技能型人才,优先满足基层第一线和农村地区对高等实用人才的需要。从"工程师和技术员"到"应用型、工艺型专业技术和管理人才",到"达到五级及其以上技术等级的技艺型人才",到"技艺性强的高级操作人员",到"高层次实用人才",高职教育不断探索着,人才培养目标的描述也在不断发生变化。但仔细分析,其内涵并没有发生实质的变化,这一阶段主要是想培养能够传承和熟练使用技术的高层次实用技术人才,没有对人才的创新能力提出要求。

3.高职规模发展阶段的"应用型人才"培养

1999—2002年,中国以"应用型人才"培养为职业教育导向。历经多年探索期后,高职教育在中国经济大发展和高等教育大众化发展背景下获得了长足发展,在全国各地的办学规模迅速扩大。1999年6月,国务院指出,"要大力发展高等职业教育,培养一大批具有必要的理论知识和较强实践能力,生产、建设、管理、服务第一线和农村急需的专门人才"。2000年1月,国务院指出,高等职业学校的主要任务是面向地方和社区经济建设和社会发展,适应就业市场的实际需要,培养生产、服务、管理第一线岗位需要的应用型、技能型专门人才。同月,教育部指出,高职高专教育培养拥护党的基本路线,适应生产、建设、管理、服务第一线需要的,德、智、体、美等全面发展的高等技术应用型专门人才;学生应在具有必备的基础理论知识和专门知识的基础上,重点掌握从事本专业领域实际工作的基本能力和基本技能,具有良好的职业道德和敬业精神,以培养高等技术应用型专门人才为根本任务;以适应社会需要为目标、以培养技术应用能力为主线设计学生的知识、能力、素质结构和培养方案,毕业生应具有基础理论知识适度、技术应用能力强、知识面较宽、素质高等特点。

21世纪,随着信息技术和网络技术的快速发展,用人单位对人才提出新的要求,创新能力、解决生产现场技术问题的能力显得越来越重要。

2002年,部分高职院校认为:"当今社会用人单位越来越要求在第一线从事生产、管理、服务的应用型人才具有创新精神和创业能力,需要他们能敏感地发现生产、管理、服务过程中出现的问题,能对技术性问题提出解决方案。"

因此,这些高职院校在人才培养过程中加强了产学研教育,培养学生的实践工作能力。这一时期高职院校培养了大量的"应用型人才"。

4.高职稳定发展阶段的"高技能人才"培养

2003—2011年,中国以"高技能人才"培养为职业教育导向。

2003年12月,全国人才工作会议提出了培养"高技能人才"的要求,与此相呼应,教育部在《2003—2007年教育振兴行动计划》中提出,高职教育要"大量培养高素质的技能型人才特别是高技能人才"。同月,教育部原部长周济根据中国制造业发展的新需求指出:"我们现在的高等职业教育,就是要定位在技能型、应用型人才培养。"这种人才定位反映了以学生就业为导向的办学理念。2004年,《教育部关于以就业为导向深化高等职业教育改革的若干意见》指出,高等职业院校要坚持培养面向生产、建设、管理、服务第一线需要的,实践能力强、具有良好职业道德的高技能人才。《教育部财政部关于进一步推进"国家示范性高等职业院校建设计划"实施工作的通知》指出,要发挥高职院校培养"高素质高级技能型专门人才"的重要作用。

2004年2月,周济在第三次产学研结合经验交流会上,针对中国现代制造业与服务业发展的新动向指出,"现代制造业与服务业的人才培养与传统的制造业和服务业不同,关键不在于手头的功夫和感觉,而在知识和技能的结合上,也就是知识技能型人才,高等职业教育就是要培养这类人才"。"坚持以服务为宗旨,为社会主义现代化建设培养高技能人才"。这次会议确立了中国高职教育人才培养目标发展的新方向,也为此后10年的高职教育人才培养指明了改革与发展的方向。

2005年,《国务院关于大力发展职业教育的决定》发布后,"国家示范性高职院校建设计划"推动中国高职教育走向内涵发展的转型之路,高职教育在人才培养目标定位、人才培养模式选择方面逐步走出了一条特色发展之路。

2006年11月,根据21世纪经济社会发展的新情况和素质教育的需要,教育部要求高职院校把改革方向转向内涵建设,同时,提出要高度重视学生的职业道德教育和法制教育,重视培养学生的诚信品质、敬业精神和责任意识、遵纪守法意识,培养出一批高素质的技能型人才。要针对高等职业院校学生的特点,培养学生的社会适应性,教育学生树立终身学习理念,提高学习能力,学会交流沟通和团队协作,提高学生的实践能力、创造能力、就业能力和创业能力,培养德智体美全面发展的社会主义建设者和接班人。"高技能人才"实质上是强调培养学生的综合素质和技能,具体包括良好的职业道德和法律意识、终身学习理念、合作能力、社会适应能力、实践能力、创新能力、就业能力和创业能力。2011年8月,教育部要求高职院校"培养生产、建设、服务、管理第一线的高端技能型专门人才"。总之,这一阶段中国提出高职教育培养生产一线需要的"高技能人才"的目标,是在高职试点阶段的基础上,分析国际国内经济社会发展情况之后做出的重要决定。"高技能人才"与"高层次实用技术人才"相比,除了重视实践能力教育之外,更强调学生的综合素质培养,特别是就业能力。

5.高职体系成熟阶段的"高素质技术技能型人才"培养

从2012年至今,中国开始了"高素质技术技能型人才"的培养。

2012年6月,教育部颁发了《国家教育事业发展第十二个五年规划》,对中国高职教育人才培养方向进行了新的定位:"要不断完善中等和高等职业学校的布局结构,明确中等和高等职业学校的办学定位,在各自层面上办出特色,不断提高人才培养质量。"在构建现代职业教育体系大背景下,对高职教育人才培养目标的定位是,要培养"产业转型升级和企业技术创新需要的发展型、复合型和创新型的技术技能人才"。这种人才培养定位包括道德、知识、技术和技能在内的综合素质培养,与"高技能人才"培养相比,重点强调为产业转型升级和企业技术创新服务,强调技术型人才培养。它的特点是既体现中国经济发展方式转变的要求,又体现技术型人才培养的回归。从2010年起,部分省市的少数高职院校开始试点本科层次高职教育,如河北省、四川省等。这些学校经过几年的调研,目前大多把人才培养目标定位在应用型高级技术人才上,同样强调对学生的技术教育。所谓技术型人才,是指掌握和应用技术手段为社会谋取直接利益的人才。他们处于工程型人才和技能型人才之间,与工程型人才的工作紧密关联。在实现自己社会功能的过程中,技术型人才又必须与技能型人才合作,并指导其工作。技术型人才和技能型人才一样处于人类社会劳动链环的终端,他们是社会财富的直接创造者,是社会总体运转过程中最直接又最积极的因素。技术型人才是一种智能型的操作人才,因此,也须具备一定的学术、学科能力和基础学科课程知识,但这种能力和知识的要求远不如工程型人才高,而是更强调理论在实践中的应用。在新形势下,技术型人才需要保持独立存在,并且在现代社会中的重要性不断提高。这是高职教育开始向技术型人才转变的重要原因。

(二)中国高职创新创业教育存在的问题与原因

中国高职创新创业教育在经历了30多年的发展后,在理论建设的研究及实践活动的探究方面取得了一定的成绩,高职院校近年来在创新创业教育方面也开辟了属于自己的新领域。然而,由于创新创业教育仍处于发展的初级阶段,在实施开展的过程中难免会遇到一系列的问题,如果这些问题没有得到及时解决,将会制约创新创业教育的发展。

政府自十七大提出了"以创业带动就业"的政策以来,创新创业教育受到多方重视及积极响应,主要表现为多项支持政策相继出台,建立配套的服务中心与咨询机构,鼓励大学生自主创业;高职院校也积极开展创新创业教育的相关课程,在校园中建立创业孵化中心,创设有利条件培养大学生的创业素质;大学生也非常重视创新创业教育给自己带来的发展机会,在学习的过程中不断积累知识与锻炼能力。但是目前中国高职院校创新创业教育的水平远远落后于发达国家,仍然处于发展初期,还存在着一定的问题。

1.完整的创新创业教育目标体系缺乏

对创新创业教育的重要性认识不到位。高职院校创新创业教育是在国家严峻的就业形势下应运而生的,虽然开展了较长时间,但对创新创业教育重要性的认识仍停留在浅层阶段,如把创新创业教育简单地看作就业指导的内容,是就业指导的补充与延伸,大多是利用课余时间进行教育,致使创新创业教育难以对多数学生普及。部分开展创新创业教育的高职院校,也是有严重的功利主义倾向,把关注点投放在学生的创业活动、创办企业中,而这些创业活动只有少部分大学生能够参与,大部分需要普及创新创业教育的大学生却未能真正受益。创新创业教育的培养目标定位不科学。很多高职院校把指导学生如何创办企业作为创新创业教育的培养目标,在这一目标的指导下,创新创业教育的范围主要集中在有针对性地对学生开展创新创业知识教育、提供相应的服务、推动创业项目的开展、提高创业的成功率等方面,把创新创业教育变成了企业家速成班,其最终的目标都是如何提高就业率。然而创新创业教育对学生的长远发展具有重要的作用,其重点在于培养学生的生存能力,增强创新精神、创业能力,全面提高综合素质,创新创业教育的培养目标是使学生全面发展,是一种长期目标,而不仅仅只是开设店面谋求生存的短期目标。对创新创业教育培养目标的定位不科学,容易造成高职院校在人才培养的过程中只重视技巧培养,轻视素质培养,重视短期产生的效应,忽视长期的培养等问题的产生。

2.系统的创新创业教育教学体系缺乏

课程缺乏独立性,教育形式单一。创新创业教育的课程设置应该是建立在多种学科交叉融合的基础上,对学生实现多元化全面性的教育教学。据统计,到1995年,开始创业课程的美国大学已超过400所,其中50%以上开设并提供了至少4门创业方面的课程。除美国外,还有26个国家也开展了类似教育。目前中国的创新创业教育主要是通过开设选修课、系列讲座及校园文化活动等方式实施,课程开设方式多样化,却唯独没有属于创新创业教育的专门课程,缺乏专门课程的创新创业教育只能维系浅层的教育需求,其内涵与内容无法真正体现,这样导致创新创业教育的开展收效甚微。此外,创新创业教育游离在学校整体教学体系之外,没有在整体架构的框架内实现与专业教育的有效对接,表面上学生既对学科专业知识进行学习,也接受了创新创业教育,但两者没有碰撞与交集,使学生无法通过创业素质的提升使学科专业教育的优势发挥出来。尤为值得重视的是,目前高职院校创新创业教育的开展大多泛泛而谈,没有围绕高职院校的特点展开,也缺乏地方本土特色,创新创业教育开展形式单一。如开设讲座可以加深学生对创新创业教育的了解,但缺乏持久性;通过创业竞赛等活动可以提高学生的创业热情,但学生参与人数太少;通过创业实践基地的体验可以增强学生的创业能力,但实践基地开发建设难度大,暂时无法满足大多数学生的需求,这些都直接影响了创新创业教育的实际效果。

3.创新创业教育师资力量欠缺

教学师资力量欠缺,水平有待提高。在中国由于创新创业教育还处于刚刚起步、发展的初始时期,创新创业教育急需大批具有专业水平的创新创业师资队伍,因为这类高水平创业型师资队伍是顺利开展和实施创新创业教育的关键和基本保障。目前,从高校整体教师队伍上看,高职教师队伍建设在数量上基本适应高等教育快速发展需求,但"双师型"教师人才匮乏。创新创业教育对教师的综合素质要求较高,只有以强有力的师资队伍为先决条件,才会使任何一种教育都能够顺利地开展并收获可喜的成果。这就需要大批具有一定的专业知识,而且又具备较高的跨学科的综合知识和创业实践技术能力的专业教师。可是在高校担当此教学任务的大部分教师创新创业知识不够完善、缺少足够的创业经验。而且,专门从事创新创业教育的师资队伍也十分稀缺。一类是由于工作需要从其他教学岗位上半路出家,转岗过来的教师;另一类是从事学生就业指导工作的教师。而这些教师大多缺乏创业实战的经验,甚至没有在企业的就业、创业经历,尽管他们有较高的学历、较高的理论水平,但他们会不自觉地把创新创业教育变成"纯粹的学术化课程"教育。

各类院校的从事兼职创新创业教育的教师中,主要由就业指导教师兼任,由社科部的教师兼职或是由团委教师及主管学生工作的副书记兼职,根本没有专职从事创新创业教育的教师。他们都是通过短期的相关培训和自学从事此教学工作的,缺少创新创业经历、企业工作经历,缺少满足创新创业教育教学需要的思维知识结构,毫无疑问的是他们根本无法将创新创业教育内容和学生的专业内容结合起来。这些教师主要讲一些就业指导课程,包括国家当前的就业创业政策、讲授职业生涯规划及应聘过程中的面试技巧等,他们对学生的指导同样也存在于形式主义,致使出现了创业与创新教学分离、创新创业教学与创新创业活动分离、创新创业教育与专业教育分离。没有对学生进行更专业、更深入、更系统的实训、实践指导工作,难以完成授课保证。

师资匮乏问题已经成为高校创新创业教育更好更快发展的瓶颈。创新创业教育的师资质量不仅影响高校学生自主创业的能力,还无形中加重了毕业生的就业压力,阻碍了学生的健康成长。

4.缺乏科学的创新创业教育评价体系

创新创业教育评价是对大学生的创新创业意识、思维、精神和技能培养的提升程度,对教育的结果有合理的预期,对社会价值的实现程度等方面做出客观判断的过程,是高校顺利实施创新创业教育的重要部分。

创新创业教育本身又有较强的实践性,由于各学校在培养目标、教育级别等层面各有区别,在教育过程中经费的匮乏,会直接导致创新创业教育基地建设的不到位,使其教育评价也只会停滞于用传统方式进行考试、考核的层面上。然而,这种考试形式已不适应创新创业教育的评价需要,创新创业教育如果没有最终的评价结果,也就自然不会出现最初的创新创业激情,而过程中的毅力与执着也会因此而一触即溃。由此可见,创新创业教育具有成本高、实践性强、成效滞后的特质。只有重视口试、笔试、实际操作,创建多元化、灵活性的科学评价反馈机制,同时,采取创业计划书、企业单位调查报告等方式为评价内容,成立专门的考试考查管理机构,对企业、教师、学生等进行考评,对学生的创新创业综合能力给出合理、准确的判断和客观全面的评价。评价的对象不仅要侧重学生对理论知识的掌握和记忆,还要侧重作为创新创业教育客体的能力和素质等各方面,只有这样才能提高学校和学生进行创新创业教育的积极性,才能使学生在充满创新创业教育氛围与空间中,自主、宽松、真实地进取和成长。

这种创新传统的考试、考核方式,创建实效性、多样性的创新创业教育质量评价机制,首先是可以依据评价资料的反馈情况来改进与优化创新创业教育;其次可以客观地评价创新创业教育的本身;最后在教育和评价过程中不断改进提高,从而真正避免教育资源的浪费、教育功能上的重叠和形式上的过度评价,使学生对创新创业教育结果有正确、合理的预期,进而真实客观考核自己的综合素质和能力。

二、新时期创新创业人才培养目标的定位

人才培养目标决定着一种教育的性质,也决定着该类教育改革与发展的方向。中国高职教育作为一种高等教育类型已被社会广泛认可,其类型属性的决定因素就是人才培养目标。进入21世纪,中国高等职业教育受到国家政治、经济政策发展的影响,得到了相应的迅速发展,进行得如火如荼,高等职业教育在发展中逐渐呈现出内涵式发展倾向。面对社会经济发展的新形势与新要求,为了充分发挥高等职业教育在社会人才培养方面的作用和价值,国务院办公厅《关于深化高等学校创新创业教育改革的实施意见》(国办发〔2015〕36号)及教育部《高等职业教育创新发展行动计划(2015—2018年)》(教职成〔2015〕19号)文件,对高职教育创新创业教育的发展目标给出了明确的定位。

(一)高职人才培养的总体要求

高等职业院校要全面贯彻党的教育方针,落实立德树人的根本任务,坚持创新引领创业、创业带动就业,主动适应经济发展新常态,以推进素质教育为主题,以提高人才培养质量为核心,以创新人才培养机制为重点,以完善条件和政策保障为支撑,促进高等教育与科技、经济、社会紧密结合,加快培养规模宏大、富有创新精神、勇于投身实践的创新创业人才队伍,不断提高高等教育对稳增长促改革调结构惠民生的贡献度,为建设创新型国家、实现"两个一百年"奋斗目标和中华民族伟大复兴的中国梦提供强大的人才智力支撑。具体要求如下。

1.坚持育人为本,提高培养质量

把深化高校创新创业教育改革作为推进高等教育综合改革的突破口,树立先进的创新创业教育理念,面向全体、分类施教、结合专业、强化实践,促进学生全面发展,提升人力资本素质,努力造就大众创业、万众创新的生力军。

2.坚持问题导向,补齐培养短板

把解决高校创新创业教育存在的突出问题作为深化高校创新创业教育改革的着力点,融入人才培养体系,丰富课程、创新教法、强化师资、改进帮扶,推进教学、科研、实践紧密结合,突破人才培养薄弱环节,增强学生的创新精神、创业意识和创新创业能力。

3.坚持协同推进,汇聚培养合力

把完善高校创新创业教育体制机制作为深化高校创新创业教育改革的支撑点,集聚创新创业教育要素与资源,统一领导、齐抓共管、开放合作、全员参与,形成全社会关心支持创新创业教育和学生创新创业的良好生态环境。

(二)新时期高职创新创业人才培养的目标任务

高职院校要从2015年起全面深化高校创新创业教育改革。2017年取得重要进展,形成科学先进、广泛认同、具有中国特色的创新创业教育理念,形成一批可复制可推广的制度成果,普及创新创业教育,实现新一轮大学生创业引领计划预期目标。到2020年建立健全课堂教学、自主学习、结合实践、指导帮扶、文化引领融为一体的高校创新创业教育体系,人才培养质量显著提升,学生的创新精神、创业意识和创新创业能力明显增强,投身创业实践的学生显著增加。主要目标任务如下。

1.完善人才培养质量标准

制定实施本科专业类教学质量国家标准,修订实施高职高专专业教学标准和博士、硕士学位基本要求,明确高职高专、本科、研究生创新创业教育目标要求,使创新精神、创业意识和创新创业能力成为评价人才培养质量的重要指标。相关部门、科研院所、行业企业要制定(修订)专业人才评价标准,细化创新创业素质能力要求。不同层次、类型、区域高校要结合办学定位、服务面向和创新创业教育目标要求,制定专业教学质量标准,修订人才培养方案。

2. 创新人才培养机制

实施高校毕业生就业和重点产业人才供需年度报告制度,完善学科专业预警、退出管理办法,探索建立需求导向的学科专业结构和创业就业导向的人才培养类型结构调整新机制,促进人才培养与经济社会发展、创业就业需求紧密对接。深入实施系列"卓越计划"、科教结合协同育人行动计划等,多形式举办创新创业教育实验班,探索建立校校、校企、校地、校所及国际合作的协同育人新机制,积极吸引社会资源和国外优质教育资源投入创新创业人才培养。高校要打通一级学科或专业类下相近学科专业的基础课程,开设跨学科专业的交叉课程,探索建立跨院系、跨学科、跨专业交叉培养创新创业人才的新机制,促进人才培养由学科专业单一型向多学科融合型转变。

3. 健全创新创业教育课程体系

各高校要根据人才培养定位和创新创业教育目标要求,促进专业教育与创新创业教育有机融合,调整专业课程设置,挖掘和充实各类专业课程的创新创业教育资源,在传授专业知识过程中加强创新创业教育。面向全体学生开发开设研究方法、学科前沿、创业基础、就业创业指导等方面的必修课和选修课,纳入学分管理,建设依次递进、有机衔接、科学合理的创新创业教育专门课程群。各地区、各高校要加快创新创业教育优质课程信息化建设,推出一批资源共享的慕课、视频公开课等在线开放课程。建立在线开放课程学习认证和学分认定制度。组织学科带头人、行业企业优秀人才,联合编写具有科学性、先进性、适用性的创新创业教育重点教材。

4. 改革教学方法和考核方式

各高校要广泛开展启发式、讨论式、参与式教学,扩大小班化教学覆盖面,推动教师把国际前沿学术发展、最新研究成果和实践经验融入课堂教学,注重培养学生的批判性和创造性思维,激发创新创业灵感。运用大数据技术,掌握不同学生学习需求和规律,为学生自主学习提供更加丰富多样的教育资源。改革考试考核内容和方式,注重考查学生运用知识分析、解决问题的能力,探索非标准答案考试,破除"高分低能"积弊。

5.强化创新创业实践

各高校要加强专业实验室、虚拟仿真实验室、创业实验室和训练中心建设,促进实验教学平台共享。各地区、各高校科技创新资源原则上向全体在校学生开放,开放情况纳入各类研究基地、重点实验室、科技园评估标准。鼓励各地区、各高校充分利用各种资源建设大学科技园、大学生创业园、创业孵化基地和小微企业创业基地,作为创新创业教育实践平台,建好一批大学生校外实践教育基地、创业示范基地、科技创业实习基地和职业院校实训基地。完善国家、地方、高校三级创新创业实训教学体系,深入实施大学生创新创业训练计划,扩大覆盖面,促进项目落地转化。举办全国大学生创新创业大赛,办好全国职业院校技能大赛,支持举办各类科技创新、创意设计、创业计划等专题竞赛。支持高校学生成立创新创业协会、创业俱乐部等社团,举办创新创业讲座论坛,开展创新创业实践。

6.改革教学和学籍管理制度

各高校要设置合理的创新创业学分,建立创新创业学分积累与转换制度,探索将学生开展创新实验、发表论文、获得专利和自主创业等情况折算为学分,将学生参与课题研究、项目实验等活动认定为课堂学习。为有意愿有潜质的学生制订创新创业能力培养计划,建立创新创业档案和成绩单,客观记录并量化评价学生开展创新创业活动情况。优先支持参与创新创业的学生转入相关专业学习。实施弹性学制,放宽学生修业年限,允许调整学业进程、保留学籍休学创新创业。设立创新创业奖学金,并在现有相关评优评先项目中拿出一定比例用于表彰优秀创新创业的学生。

7.加强教师创新创业教育教学能力建设

各地区、各高校要明确全体教师创新创业教育责任,完善专业技术职务评聘和绩效考核标准,加强创新创业教育的考核评价。配齐配强创新创业教育与创业就业指导专职教师队伍,并建立定期考核、淘汰制度。聘请知名科学家、创业成功者、企业家、风险投资人等各行各业优秀人才,担任专业课、创新创业课授课或指导教师,并制定兼职教师管理规范,形成全国万名优秀创新创业导师人才库。将提高高校教师创新创业教育的意识和能力作为岗前培训、课程轮训、骨干研修的重要内容,建立相关专业教师、创新创业教育专职教师到行业企业挂职锻炼制度。加快完善高校科技成果处置和收益分配机制,支持教师以对外转让、合作转化、作价入股、自主创业等形式将科技成果产业化,并鼓励带领学生创新创业。

8.改进学生创业指导服务

各地区、各高校要建立健全学生创业指导服务专门机构,做到"机构、人员、场地、经费"四到位,对自主创业学生实行持续帮扶、全程指导、一站式服务。健全持续化信息服务制度,完善全国大学生创业服务网功能,建立地方、高校两级信息服务平台,为学生实时提供国家政策、市场动向等信息,并做好创业项目对接、知识产权交易等服务。各地区、各有关部门要积极落实高校学生创业培训政策,研发适合学生特点的创业培训课程,建设网络培训平台。鼓励高校自主编制专项培训计划,或与有条件的教育培训机构、行业协会、群团组织、企业联合开发创业培训项目。各地区和具备条件的行业协会要针对区域需求、行业发展,发布创业项目指南,引导高校学生识别创业机会、捕捉创业商机。

9.完善创新创业资金支持和政策保障体系

各地区、各有关部门要整合发展财政和社会资金,支持高校学生创新创业活动。各高校要优化经费支出结构,多渠道统筹安排资金,支持创新创业教育教学,资助学生创新创业项目。部委属高校应按规定使用中央高校基本科研业务费,积极支持品学兼优且具有较强科研潜质的在校学生开展创新科研工作。中国教育发展基金会设立大学生创新创业教育奖励基金,用于奖励对创新创业教育做出贡献的单位。鼓励社会组织、公益团体、企事业单位和个人设立大学生创业风险基金,以多种形式向自主创业大学生提供资金支持,提高扶持资金使用效益。深入实施新一轮大学生创业引领计划,落实各项扶持政策和服务措施,重点支持大学生到新兴产业创业。有关部门要加快制定有利于互联网创业的扶持政策。

(三)新时期高职人才培养方案的修订

按照国务院、教育部对高职院校人才培养的总体要求和高职人才培养的目标任务,各高职院校的人才培养方案要进行相应的修订。人才培养方案是专业人才培养目标、基本规格及培养过程、内容和方式的总体规划,是衡量学生在校期间完成全部学业后是否达到培养规格的重要标准,是高职院校人才培养、组织教学过程、安排教学任务的基本依据。为了贯彻落实《国家中长期教育改革和发展规划纲要(2010—2020)》,以及国务院办公厅《关于深化高等学校创新创业教育改革的实施意见》(国办发〔2015〕36号)等文件精神和具体要求,实现培养生产、建设、服务、管理第一线的高级技术技能型人才的目的,高职学院人才培养方案要把创新创业的精神贯穿到人才培养方案中,紧紧围绕国家、教育部的文件对高职院校人才培养方案进行修订。

1.人才培养方案制订的指导思想

高职院校要以《国家中长期教育改革和发展规划纲要(2010—2020)》、国务院办公厅《关于深化高等学校创新创业教育改革的实施意见》(国办发〔2015〕36号)为指导,围绕培养学生创新创业的职业能力、就业竞争力和促进职业发展的核心目标,践行高职院校办学理念,形成知识、能力与素质协调发展的人才培养格局,将培养学生就业竞争力与发展潜力融为一体、教学工作与学生工作融为一体、职业素质养成与职业能力培养融为一体、课外与课内培养融为一体,立德树人,以服务为宗旨,以就业为导向,以提高质量为核心,以增强特色为重点,构建出充分体现高职办学特色并具有一定优势的人才培养方案和课程体系,在"校企融合、工学结合"发展道路上培养出创新创业的"高素质技术技能型人才"。

高职专业人才培养方案的制订要体现高职院校办学指导思想,符合高职的办学定位和人才培养目标,要立足于培养理论基础够用、实践能力较强、具有创新创业精神的高素质技术技能型人才。要突出应用性和针对性,以适应社会需求为目标、以培养技术应用、实践能力为主线,同时要强化综合素质教育,全面提高学生的思想道德素质、文化素质、专业素质和身体心理素质。

(1)培养适应区域发展的创新创业人才。

高职人才培养要适应社会经济的发展,尤其是区域和地方经济发展的需要。要进行充分的社会调查,注重研究分析经济建设和社会发展出现的新情况、新特点,特别要关注市场经济和专业领域技术发展态势,注重与区域和地方发展相适应,并结合高职实际情况,使高职制订的专业人才培养方案具有鲜明的地方特色、行业特色。

(2)培养全面发展的创新创业人才。

高职要坚持德、智、体、美等全面发展,必须全面贯彻国家教育方针,正确处理好德育与智力、理论与实践的关系,注重全面提高学生的综合素质,切实保证培养目标的实现。

(3)培养高素质的创新创业人才。

高职要依照职业院校的发展目标,树立"德才兼备、技艺双全"的办学理念,培养有知识、有技能的高素质创新创业人才。

(4)培养学生的实践能力。

高职要加强学生的实践教学环节,做到理论与实践、知识传授与能力培养相结合,并将创新创业能力培养贯穿教学全过程。

(5)贯彻产学研结合的思想。

在专业人才培养方案的制订和实施过程中应主动争取企业的参与,充分利用社会资源,共同制订和实施专业人才培养方案。专业人才培养方案中的各个教学环节既要符合教学规律,又要根据企业或行业的实际工作特点妥善安排。

(6)推进高职的"双证"教育。

高职要鼓励大学生在校期间在获得毕业证书的同时,还要取得各种职业资格证书,同时专业课程可以和职业资格证书培训进行课程置换。

(7)加强高职课程的改革。

高职要按照行动过程导向,借鉴学习领域、情境教学理念,结合专业特点,开发符合职业教育规律,有特色的学生培养方案。

2.人才培养方案制订的基本原则

(1)按照地方政府的要求和区域需求确定人才培养目标和规格。

高职要按照地方政府的要求和区域需求,以区域发展和市场需求作为人才培养的落脚点。要贴近人才需求市场,深入开展专业调研,分析专业面向的就业岗位环境、岗位职责、工作内容、岗位所需能力、任职资格等,努力挖掘专业人才培养方案与职业岗位需求之间的结合点,合理确定各专业人才培养的目标及规格。

（2）以校企合作需求改革人才培养模式。

校企合作是培养适应市场需求高素质技术技能型人才的关键。在专业人才培养方案制订与实施过程中，要充分发挥行业、企业专家和专业指导委员会的作用。以校企合作为平台，鼓励推动"校企融合、工学结合"的人才培养模式在实习实训基地建设、课程建设、教材建设和队伍建设中的落实。在完成主干课程教学的基础上，根据企业的用人需求，合理调整教学进程；要把课堂延伸到企业，聘请企业技术人员承担专业教学任务，将企业的工艺、规范和文化融入教育教学中。

（3）依据自身特点合理构建专业课程体系。

各专业可依据各自特点，选择相对成熟的模式设计课程体系。就业岗位成熟稳定，任职条件强调专业技能，职业标准相对规范，以培养技能为职业能力核心的专业，可以基于工作过程设计课程体系；就业岗位波动变化大，任职条件强调素质，以培养能力素质为职业能力核心的专业，可以选择能力本位教育的课程体系设计；对于专业对应岗位分布跨度大，一部分岗位需求强调技能、一部分强调素质的专业，可以采取基于工作过程的模块课程体系和能力本位教育的模块课程体系。课程设计与实施上实现职业能力和职业素质培养的有机结合，按照认知规律、职业成长规律和职教理念构建课程体系。

同时，要加强公共基础课与专业课间的相互融通和配合，专业拓展课程内容跟踪行业发展动态，综合拓展选修课程实行学院和二级学院相结合的设置方式，保证学生既可以深化职业类课程，又可以选修专业外课程，促进学生文化素质、科学素养、综合职业能力和可持续发展能力的培养。

（4）统筹安排，深入推进教学方法改革。

以课程开发和建设的思路管理主要教育教学活动，将课外与课内培养融为一体。入学教育、校内集中实训、校外顶岗实习、社会实践活动等作为课程来建设、实施和管理，纳入人才培养方案教学进程安排。各专业人才培养方案应在统一规范的基础上，充分体现专业建设、人才培养模式改革、教育教学改革、制度保障等方面的特色，科学合理安排课内、课外学时，组织教学活动。积极推行"双证书"制度，将相关课程考试考核与职业技能鉴定合并进行。要积极推广项目教学、案例教学、情景教学、工作过程导向教学，广泛运用启发式、探究式、讨论式、参与式教学,充分激发学生的学习兴趣和积极性。

（5）立德树人,引导学生健康成才。

遵循高职教育教学和人才成长的基本规律,从成人成才的角度,立德树人,引导培育学生自主学习、合作学习、探究学习,增强学生身心健康自我调控能力,正确培育学生在知识、能力、素质方面的系统发展,培养学生具有良好的职业道德、职业能力和创新创业精神,以及可持续发展的素质,适应社会、经济发展和现代化建设的需要。

（6）完善教学质量管理体系。

严格执行国家制定的教学文件,适应生源和培养模式改革的新特点,完善教学管理机制。要加强教学组织建设,健全教学管理机构,发挥行业企业深度参与的专业教学指导委员会的作用。按照"标准、评价、反馈、调控"四位一体的教学质量管理体系,对教学质量实施管理与监控。把学生的职业道德、职业素养、技术技能水平、就业质量和创业能力作为衡量专业教学质量的重要指标。

（7）推进专业建设不断发展。

良好的办学条件是专业建设发展的基础。各专业要根据学院和专业建设发展规划,积极加强校内外实习实训基地建设,依靠校企深度合作,夯实各专业办学基础。要进一步加强师资队伍建设,构建起以高水平专业带头人、骨干专任教师和企业兼职的能工巧匠、管理与技术人员为主专兼结合的教师队伍。高职院校省级以上重点专业要勇于改革创新,发挥示范、引领作用,在校企深度合作、人才培养模式改革、办学水平和人才培养质量、服务社会等方面带领相关专业不断发展。

第二节 高校创新创业教育人才培养的策略

人才培养目标是在一定社会条件中要把受教育者培养成为什么样的人的根本性问题,它是一切教育活动的出发点和归宿。本节主要以高职教育中创新创业教育人才培养策略为例说明。

新时期高职院校依据国务院对高职院校的要求,制定高职人才培养目标,按照人才培养目标的要求及高职院校自身的发展特色,调整人才培养方案,要把培养具有创新精神、创业意识和创新能力的学生融入人才培养目标中,因此高职创新创业人才培养也要有相应的策略。

要实现创新创业人才的培养,就必须将创新创业教育的目标纳入高职专业人才培养目标中,形成多层面的人才培养目标,以此引导高职所有的教育活动。同时,社会对大学生的需求是多样的而非单一的,且受教育者的个性需求也不一致,千篇一律的培养目标指导下的大学教育培养出来的学生尽管专业知识与技能专精,但其创新创业能力将大打折扣,这就要求中国大学教育必须充分考虑学生的个性需求,把创新创业教育、素质教育与专业教育有机融合,把人文教育和科学教育相互融合,培养既有良好的科学知识素质和宽阔人文精神底蕴且具有创新创业精神的高级人才。[①]

一、高职创新创业教育培养模式的改革

人才培养目标包括高校总体的人才培养目标和专业人才培养目标两个方面,要将创业人才培养纳入总体人才培养目标中。创新创业教育目标不仅要融入各大学总体人才培养目标,而且要通过注入各专业培养目标中,以实现与专业教育有机融合的人才培养模式。例如,将文化创新能力和创业精神的培育纳入人文社科专业人才培养目标;将技术创新能力和创业精神的培育纳入理工科专业人才培养目标等。高职创新创业教育培养模式的改革就是要将原来培养单一专业人才的高职院校教育模式,转化为培养既具备专业知识又具有创新创业精神和能力的多层面的人才培养模式。

(一)高职专业教育与创新创业教育融合的策略

中国的高职教育从1980年建立职业大学到现在,已经经历了30多年的发展历程。职业教育服务于社会经济的能力不断增强,但同时也看到了职业教育的发展与社会需求的吻合度还有一定的差距。2010年5月,教育部提出"高等学校要更新教育教学观念,将创新创业教育面向全体大学生,纳入教学诸渠道,结合专业教育,贯穿于人才培养全过程",因而创新创业教育作为一种新的

---

①耿丽微,赵春辉,张子谦.高校大学生创新能力培养与创业教育研究[M].成都:电子科技大学出版社,2017.

高等教育理念进入了职业教育中。创新创业教育与高职教育的培养模式"工学结合、校企合作"改革要求是一致的,这就为依托专业教育开展创新创业教育搭建了平台。因此对高职院校专业教育与创新创业教育如何融合进行研究就显得尤为必要。

1.高职专业教育与创新创业教育的发展现状

1989年在面向"21世纪的教育国际研讨会"上,联合国教科文组织提出了青年除了接受传统意义上的学术教育和职业教育外,还应当拥有第三本教育护照——创业教育;1999年中共中央、国务院作出《关于深化教育改革全面推进素质教育的决定》明确指出,高等教育要重视培养大学生的创造能力、实践能力和创业精神;2002年教育部及与会专家在"创业教育"试点工作中提出,创业教育是素质教育的一个重要方面;随后几年对高职中创业教育的研究指出,高职创业教育的核心在于培养企业家的创新精神;目前对创新创业教育的理论研究又有了新的进展。

专业教育与创新创业教育融合存在的问题主要有:尽管目前对于创新创业教育的研究有了新的进展,但仅仅认为创新创业教育是就业教育的一部分;创新创业教育可以单独开展,表现为各类创业活动,比如在高职院校开展培训班、创业竞赛活动等;对于将创新创业教育融入专业教育还缺乏深入的研究,例如,如何将创新创业教育列入高职院校的人才培养计划中,并列入学院的整体育人体系中;专业教育与创新创业教育还是两种不同的运行机制;专业教育与创新创业教育的管理,各高职院校还归属于不同的部门,例如,专业教育归教务处管理,而创新创业教育归学生处或思政处管理等,这样导致创新创业教育的课程以选修课或者学生活动的方式来进行,数量很少,培养目标和教学目标不明确,专业教育与创新创业教育严重脱节。

2.专业教育与创新创业教育融合的意义

专业教育与创新创业教育的融合有着重要的意义,这与国家高职人才培养的目标是一致的。

(1)增强学生的竞争能力。

在专业教育中融入创新创业教育,与高职教育的培养要求"工学结合、校企合作"的改革要求是一致的,专业教育所提倡的创新教育和创造教育与创业教育在本质上是一致的,专业教育的深化和具体化表现为创新创业教育。创新创业教育能够培养学生与别人的交流能力、与企业的合作意识,使学生形成创新意识。同时,创新创业教育还能培养学生的创新能力、创造能力和创业能力,进而增强学生在社会中的竞争能力。

(2)扩大学生的就业路径。

当前,高职毕业学生的就业问题日益突出,学生的自主创业不失为一种很好的途径。自主创业不仅为社会创造了财富,更创造了就业机会。把专业教育与创新创业教育融合,在提高学生自身素质的过程中培养了学生的创业竞争能力。学生掌握了基本的创业知识和技能,有着首创和企业家精神,在就业的过程中就不会完全依赖于现有的企业。如果在现有的求职过程中找不到合适的岗位,学生就会选择自主创业。自主创业扩大了学生的就业路径,有效地解决了就业问题。

(3)提高高职院校持续的生存发展能力。

全球经济一体化不断加深,国际竞争归根结底是人才的竞争。因此中国的人力资源需求已经发生了很大的变化,不仅需要"高素质、高技能的专业型人才",更需要敢于"开拓、创新的创业型人才"。高职院校的人才培养必须适应人力资源的需求,在专业教育中融合创新创业教育,才能培养出既具备专业知识和专业技能,又具有创业精神和创业能力的高素质人才,才能更好地应对日趋激烈的国际竞争,实现高职院校持续的生存与发展。

3.专业教育与创新创业教育融合的有效路径

高职院校培养创新创业人才,将专业教育与创新创业教育融合可采用以下路径。

(1)优化人才培养方案。

高职教育要树立全面发展的观念,要在专业教育的培养方案中融入创新创业教育,要把创新创业教育纳入高职人才培养的全过程中。高职教育要把培养创业型人才与高技能型人才放在同等重要的位置,把培养具有创业精神和创业能力作为人才培养规格的核心要求之一写入人才培养方案,达到优化人才培养方案的目的。创新创业教育的培养最终应成为专业学习中的一个重要主题,从而促进专业教育与创新创业教育的结构性融合。

（2）深化课程体系的改革。

课程体系的改革是在专业教育中融入创新创业教育的重要策略。在课程体系的构建中，教务部门要根据不同专业的要求，针对培养高技能人才的培养目标，根据学生多样化个性的需求，灵活多样地开设不同岗位需要的创业培训课程，实施按需施教，在各专业现有的教育课程体系中融入创新创业教育课程，加强创新创业教育课程体系的构建。课程体系的改革有利于培养学生的创业意识、创业精神、创业品质和创业能力，能尽快适应社会的需求，在未来的社会中创建新的适合社会需要的工作岗位。

（3）培养适合创新创业教育的师资力量。

在专业教育中融入创新创业教育实施的关键在于教师。学校的领导首先要重视培养适合创新创业教育的师资力量，其次要对专业教师和创新创业教育的教师进行相应的整合，最后要让教师先明白创新创业教育对高职学生适应社会的重要性，对于学生生存的重要性。不断提高教师的认识，要让教师在教学的过程中把创新创业教育融入专业教育中，灌输于学生的意识中，培养学生创业的理念与精神，并带领学生进行具体的实践。鼓励专业教师积极参加顶岗实践活动，多开展教师与成功的企业家、创业成功人士的交流活动，引导高职专业教师开展创新创业教育方面的理论研究和实践活动，培养高素质的创新创业教育教师队伍。如果每一个专业教师在传授专业知识时都融入创新创业教育的知识，经过几年的教育与实践，高职学生将来会有很强的创业意识，能更好地适应社会的竞争。

（4）开展创业实践活动。

在培养学生的创新创业教育的同时，必须要开展创业实践活动。要切实加强校内外的创业实训基地建设，使教学与社会生产实践紧密结合起来。教师要与企业开展横向课题合作，引进企业的业务流程和真实项目，让学生以生产性实训为目的，在实践活动中完成实训计划，提高实训内容和过程的真实性。同时鼓励学生在校积极参与社会实践活动。以"典型创业案例"吸引学生的注意，以成功创业的经历鼓舞学生，激发他们的创业热情，同时让他们明确创业的艰辛。例如，在校生中有一些学生通过项目代理、网上开店的形式实现了自己的创业梦想,鼓励其他同学积极尝试。

(5)引导校园文化氛围。

每所院校都有自己的文化氛围,而校园的文化氛围对学生的思想观念、行为方式和价值取向等都具有重要的引导作用,因此高职院校要营造浓郁的校园创新创业文化氛围。学校要鼓励学生积极参与省、市及学校组织的技能大赛和社团活动,学校要对成绩突出的同学予以奖励,校园的宣传栏、广播、校报要积极报道在技能大赛、社团建设等实训活动中获得奖励的优秀学生,以鼓励全体学生树立主动创业、创业光荣的观念,营造有利于创业的舆论氛围,使专业教育与创新创业教育在实践活动中相互融合渗透。

(6)建立新的考核评价体系。

高职院校要创新考核评价体系,以确保在专业教育中融入创新创业教育,这包括两方面的内容,首先是对教师的考核评价,其次是对学生的考核评价。对教师的考核评价包括教师的教学内容、参加顶岗实践的时间、实践实训课程的课时、与企业合作参与的横向课题的数量等,这些都应与教师的评聘、报酬等直接联系起来,采取鼓励政策和良性的评价体系,调动教师从事创新创业教育的积极性。对于学生的考核评价包括学生参加实训课程的数量、到企业实践的课时、参与技能训练的成绩、自己创业的成绩等,注重考评学生的技能水平和实践能力,把对学生的评优、奖学金的获得等与这些联系起来,制定与创新创业教育相联系的考评制度,鼓励学生积极参与创新创业教育活动,提高创业能力。

总之,从高职发展历程可以看出专业教育与创新创业教育的融合对于高职教育的发展有很大的意义,要采取有效的策略实现专业教育与创新创业教育的有机融合。

(二)以提高创业能力为目标的创新创业教育模式

国家对高等教育中的创新创业教育一直很重视。在《关于加强普通高等学校毕业生就业工作的通知》中,国家有关部门对高校毕业生就业时自身的创业能力很关注,明确地提出并支持高校毕业生的自主创业;国家《中长期教育改革和发展规划纲要》也明确提出,创新创业教育要面向人人、面向社会,着力培养学生的职业道德、职业技能和就业创业能力;党的十七大报告提出了加快推进以改善民生为重点的社会建设任务之一就是实施扩大就业的发展战略,促进以创业带动就业。目前高校毕业生就业的形势很严峻,加大创新创业教育才能带动就业,培养学生自身的创业能力,激发学生潜在的动力,才能实现就业的倍增效应,才能缓解就业的压力。以创业带动就业是实施扩大就业发展战略的重要措施,也是新时期实施积极就业政策的重要任务。可见大学生就业率的提高一直是国家关注的重点。要提高就业率,就要培养学生的创业能力。学生创业能力的培养,在于专业教育与创新创业教育融合的实现,因此探讨专业教育与创新创业教育的融合模式具有重要的现实意义。

1.高职创新创业教育存在的问题

高职的创新创业教育从提出到现在已有多年,但中国的创业教育与国外的创业教育相比起步较晚,对于创业教育中国高校还没有形成完整的、固定的模式。在创业教育提出之初,许多院校只是简单地在学校开设一些创业公共课程,要求学生选择学习,但数量是有限的。随后发现,创业教育与专业教育的课程没有相互融合,创业教育并没有渗透到学生所学的专业中,不利于不同专业背景下对创业人才的培育,也不利于提高毕业生的就业率。在创业教育的探索中,中国高校目前仍然存在如下一些问题。

(1)创业教育的理念没有明确。

从许多研究中发现,中国许多高校对于创业教育的理解为在大学里让学生开设一些小商店、商铺,让学生成为小老板;开设一些小公司、小车间,让学生成为小经理、小厂长;开设一些学会、协会,让学生成为各种会员等,认为这些就是创业教育了。其实这些只是流于形式的创业教育,没有系统地开展创业教育,没有培养学生自身的创业能力。

(2)创业教育的定位不清。

在省级或全国的创业教育交流会上听到的经验介绍也只是某某大学画出了场地,给学生开办了各种不同的公司,与校外企业开展了实际的业务往来,并且许多学生已经赚到了第一桶金。最后才发现,那些办得好的学生,自己的父母就是很有钱的老板,有家里的资金支持。这些成功的学生也只是少数,整个大学大部分的学生并没有加入这种实际的操作中,这种创业教育的定位是不清楚的。创业教育要针对的是大学的全体学生,针对不同专业背景下学生创业精神的提升和创业能力的培养,而不是创业教育的功利主义价值倾向,更不是人为地将创业教育与专业教育的培养目标完全隔离开来。

（3）创业教育的局限性。

许多高校的创业教育都局限在学校成立的创业部门来完成,如学校的实训中心、创业基地等,似乎和学校别的部门没有关系。创业教育也仅仅局限于技术操作层面和技能学习层面,局限在创业实训课中完成;学生创业课程内容的设置不是由教务处统一制定的,没有根据创业教育的需要将创业理论知识与专业基础教育课程有机地结合起来,从而导致创业教育与专业教育知识的脱节,创业教育仅仅成了某种技能或技巧的掌握而已。创业教育局限在某个部门,没有渗透到学校所有教师的教学理念中,没有贯穿在学生整个学习生涯中,必然导致创业教育的失败。

（4）"双师型"教师的缺乏。

高校的创业教育需要由每一位具有创业理念的教师来完成,这就要求教师是既掌握专业知识又懂创业教育的"双师型"人才。目前许多高校的教师仍然是单一性的,虽然学校要求每位教师每年要参加顶岗实践,可往往流于形式,没有真正培养出"双师型"教师,这也导致专业教育与创业教育的分离。

2.可借鉴的国外创业教育的模式

国外的创业教育发展很快,培养的毕业生具有很强的创业能力,能很好地适应社会的要求,在社会上能很快找到自己的创业之路。国外创业教育的模式主要如下。

（1）创业教育的专业化模式。

创业教育的专业化模式是把创业教育由辅助课程转变为专业课程教育的方法,从而实现创业教育与专业教育的相互融合。创业教育同专业教育一样设置学位,高职院校学生通过取得创业学的专业学位学分,完成创业教育课程,这样培养出具有创业能力的专门化的创业人才。例如,美国的哈佛商学院、西北大学、芝加哥大学、百森商学院、澳大利亚的莫道克大学等,都采用了这种模式。同时,这种模式的学生是经过严格筛选才加入的,学校创业教育的课程内容具有系统化和专业化的特征。美国的百森商学院创业学的专业课程体系就是经过了与创业学的整合,最终确定为战略与商业机会、创业者、资源需求与商业计划、创业企业融资、快速成长5个部分。

创业教育的专业化模式通过一系列的研究方法,把创业者应该具有的品质和特性与专业课程有机地结合起来,注重培养学生的创业能力和创业精神。这种系统化的、有机融合的课程设计,有效地保证了创业教育理念的落实和教育目标的实现。

(2)创业教育与专业教育融合模式。

创业教育与专业教育融合模式,是把创业教育与日常的专业教育相互融入。这种融合首先表现在目标的融合,创业教育的目标与专业教育的目标相互融合,才有课程设计的融合。例如,斯坦福工学院的人才培养目标为培养具备创业技能的工程师和科学家;印度理工学院的培养目标定为培养具有创业创新精神的国际高科技领域里最受欢迎的人才;巴黎中央理工大学的人才培养目标为培养具有高科技、高素质的通用人才、能够领导创新项目的专家及具有广阔文化视野的"国际人"。这些国外的大学都选择了将学生专业教育的目标与学生创业教育的目标融合的模式,让学生在日常的学习中潜移默化、循序渐进地掌握创新创业的能力。

(3)不同专业背景设计不同创业课程模式。

国外的许多大学采用不同专业背景设计不同学科创业课程的模式,这种模式在吸引本专业学生的同时,也吸引了其他专业的学生,学生可以根据自己的兴趣、爱好选择不同专业的创业课程。例如,康奈尔大学针对商科专业背景的学生设置了"设计者创业学""创业学和化学企业"等创业课程,对本专业的学生有很大的吸引力,同时也吸引了大量非商科专业的学生参加学习;印度理工学院围绕信息技术专业也开设了相关的创业教育课程,并有创业的研讨会、讲座等辅助课程。因此,根据不同学科的专业背景设置不同的创业课程模式,能更好地实现创业教育与专业教育的融合。

(4)企业人员纳入师资队伍模式。

在加强本校师资建设的同时,充分吸收企业人员加入教师队伍,把企业有工作经验的工程师、企业技术骨干等聘请到学校来,开设相关专业的创业课程,在引进来的同时,还要培养企业的人员学习教学教法,当好教师,能更好地完成学生的创业课程和创业实践等课程的教学。例如,巴黎中央理工大学的创业课程,专门聘请企业的总裁、企业的创始人等传授自己的创业经验;麻省理工学院的创业教育中心也聘请了成功企业家为本校学生授课,解决学生碰到的实际问题。因此,企业界成功人士与专业创业师资共同参与创业教育,能促进创业教育与专业教育的有效融合。国外院校创业教育与专业教育融合的不同模式,为培养具有创业能力的学生提供了一定的参考价值。

3.高职多层次人才培养模式的构建

从中国创业教育存在的问题及国外创业教育存在的模式可以看到,中国的创业教育最重要的是要注重培养学生的创业能力,才能更好地提高职业教育的发展,提高毕业生的就业率,实现"以创业带动就业"的目的。要实现学生创业能力的培养,就要将创业教育的理念注入专业人才培养目标中,建立多层次的人才培养模式。

(1)目标融合性人才培养模式。

在当代社会中,人才培养目标是决定要把受教育者培养成为什么样的人的根本性问题,它是一切教育活动的出发点和归宿,因此目标的制定不能是单一的。不能单一制定专业教育的目标,也不能单一制定创业教育的目标,所培养的学生在具有一定专业基础知识的同时,还要有创业的实际能力,这就要求要实现创业教育和专业教育目标的融合。目标融合性的人才培养模式,就是要在创业教育的目标中纳入大学专业人才培养目标,在专业教育目标中也要纳入创业教育的培养目标,形成人才培养目标的深度融合,以此引导学校的所有教育活动。同时,要充分考虑到社会对毕业生的需求是多样的,学生的个性需求也是不一致的,这也要求高校教育必须充分考虑不同学生的个性需求,把创业教育与专业教育的培养目标有机融合,使培养出来的学生既具有很好的专业知识素质和人文精神底蕴,又具有创业精神和实际创业能力。例如,将文化创新能力和创业精神的培育纳入人文社科专业人才培养目标;将技术创新能力和创业精神的培育纳入理工科专业人才培养目标等,将原来单一专业的人才培养目标模式,转化为培养既具有专业知识又具有创业能力的融合性目标的人才培养模式。

(2)多层次课程体系模式。

要保证专业教育与创业教育融合的教育模式,各高职院校要根据自身的发展阶段和学院的实践情况设计相应的课程。选择与各院校自身发展能力相匹配的创业教育模式与课程设置,使学生在校期间通过核心课程或选修课程来持续地培养自己对创业的兴趣。学校要安排老师讲授与创业有关的知识和技巧,使创业成为学生专业学习中的一个重要主题,推动学生主动规划自己的职业生涯与发展。学生可以通过学校的课程安排和自己的选择实现创业教育在人才培养过程中的结构性融合,以保证创业教育在人才培养过程中的连贯性和持续性。学校要从高层开始将创业教育的要素逐步纳入各部门、各学科、各专业的管理与教学中,要调整教学计划,不断更新教学内容、建设新的教材、变革教学方法,形成学院创业教育的多层次课程体系模式。同时学院要基于不同专业学生的学科背景去考虑不同的课程设置。例如,商贸学院的学生,可以去构建专业创业课程、普及性创业课程和商业贸易技能创业课程等不同的创业教育课程体系模式,以适应不同层次和不同专业背景的学生跨系部选修学习时的要求。

(3)多元化师资队伍建设模式。

目标融合性人才培养模式和多层次课程体系模式要求师资的配置多元化,这包括师资来源的多元化、师资教育技能的多元化及校内、校外师资培养的多元化。师资可以由校内在编的教师、校内聘请的其他院校的代课教师及聘请的企事业界有影响的人员等担任,这些构成了师资来源的多元化。学校的师资除了具有一定的专业知识,还必须要有一定的技能,这就对师资本身的素质提出了更高的要求。师资要求掌握传统专业教育的方法,还需掌握创业教育方法、创业教育的相关理论知识,要求创业教育的师资要具备多元化教育技能和知识架构,这样才能满足培养具有创业能力学生的要求。师资队伍的建设还要做好多元化师资队伍的培养,以校内、校外"双师型"教师的培养作为核心,在做好校内专业教师"双师型"提升的同时,做好兼职教师"双师型"的培养,以保证学校教师具有"双师"结构。聘任专业、行业领域内的成功创业者、有经验的企业家等对学生授课,用自身的成果经验进行言传身教,解决"双师型"师资的匮乏。通过多种途径,不断调整优化师资结构,创新教师队伍教育管理机制,坚持对学校教师培养与引进并重、能力培养与学历学位提高并重,通过校企互动,建设一支结构合理、素质优良的多元化师资队伍模式,以适应高职创业教育发展的新要求,为实现职业院校教育事业发展目标提供人力资源保障。

（4）人才培养质量监控模式。

人才培养质量监控是衡量高校教育是否达到人才培养目标的一种评定活动。这种监控既是对当前教育活动的整体评定，也是发现当前教育问题、优化现有教育模式的必要手段。因此人才培养质量监控模式的建立尤为必要。建立创业教育和专业教育融合模式下人才培养质量的监控模式，可以对人才培养过程中的教学质量、课程设置的合理性、师资质量等进行评定，并结合学生的学习质量、就业率、就业薪酬、工作单位评价等系列指标进行评定，实现对人才培养质量的监控。通过评定不断调整各种培养手段，真正实现对学生创业能力的培养，从而提高毕业生的就业率。在人才培养质量监控模式中，既要构建人才培养目标监控体系，还要构建学生毕业后的人才质量检测体系，各种体系的构建一定是在创业教育的理念下加入创业教育的评价制度，改变传统的评价方式。

通过以上4种专业教育与创业教育融合模式的构建，最终实现学生创业能力的培养，实现"以创业带动就业"的目的。

（三）高职创业教育与专业教育的深度融合

随着中国高等教育对职业教育的重视，中国高等职业教育在近几年得到了迅猛的发展，许多职业院校，设置了针对市场和社会发展的专业，培养出大批社会需要的人才，也得到社会的充分肯定。但高等职业教育在自身发展的过程中也面临着诸多问题，其中就包括学生创业能力的培养问题。如何保证和提高教育质量，提高学生的创业能力，实现职业教育与创业教育的深度融合，促进高职教育的健康持续发展，已成为高职教育面临的现实而具体的问题。

1.创业教育与专业教育深度融合存在的问题

目前高职院校创新创业教育正在逐步开展，但创业教育与专业教育的融合过程中还存在着一些问题。

（1）高校领导认识的片面性。

部分高校领导对创业教育的认识不全面，认为创业教育就是在学院成立一个创业部门，具体事务交由这些部门办理就可以了，甚至把创业教育只交给某一个部门来完成,比如交给学院校企合作办或学院创业中心,这些部门只能从部门层面开展创业教育,没有对创业教育进行学院层面的整体规划,无法保障创业教育在学院整体开展。这样势必造成没有大局和整体观念,没有在全院推行和开展创业教育的活动,从而造成创业教育的局限性。

(2)管理层重视度不够。

学院管理层自身对创业教育没有深刻的认识,对创业教育的重视不够,没有将创业型人才培养的创业教育纳入学院整体人才培养规划和学生的培养方案中。导致学院的创业教育没有渗透到具体的教学活动中,更无法完成创业教育在专业教育中的开展与融合,学生的创业能力培养无法在专业教育中得到培养和发展。

(3)教师教学中践行力度不够。

由于领导层和管理层对创业教育的认识不足,重视不够,导致教师在教学活动中的实践践行力度不够。教师甚至认为创业教育与自己无关,应该由创业教育中心去完成,自己只教基础课或专业课的内容就可以了。教师在基础课程、专业教育的教案备课中,没有从创业教育的角度去准备,没有培养学生创业能力的意识,这就造成了专业教育与创业教育的脱节。

2.高职院校创业教育与专业教育深度融合的途径

在教学实践中,高职院校不断总结摸索创新创业的方法、路径,在总结高职院校创业教育与专业教育融合存在问题的基础上,可以寻找融合的途径。

(1)领导层重视。

这里的领导层指职业院校的党委常委。一所职业院校只有从领导开始重视创业教育,把创业教育的工作当作学院教学工作的重点来抓,才能引导学院教学工作的方向围绕创业教育来开展。首先从思想层面重视,领导要在学院全体教学大会上反复强调在职业院校开展创业教育的重要性;其次在行动上落实,领导必须要求学院各管理部门把创业教育的工作落实在实处;最后注重结果监察,领导要对学院开展创业教育的情况进行监督、考察。

(2)师资队伍的建设。

学院开展创业教育就需要有创业经历的教师,才能培养有创业能力的学生,因此学院人事处要把好师资队伍建设这一关。在学院专任教师的培养上要加强顶岗实践的要求,注重培养专任教师的实践经验。对兼职教师和外聘教师,要选择企业、行业的优秀人才,对他们进行教学的培养,使他们能够把企业行业的工作经验和本人的教学能力结合起来,更好地培养学生的创业能力。

(3)教学管理层推进。

教学管理层主要指学院教务处,一般学院的教学都是由教务处管理的。

教务处负责规划设计学院整体的人才培养方案,要把专业教育与创业教育的融合教学方案纳入学院的人才培养方案中。同时,要求各系部在教学规划中要有专业教育与创业教育融合的计划和安排,并定期检查方案的实施进度与实施结果。最后通过第三方对学院毕业生的跟进,调查学院对学生专业教育与创业教育的融合开展是否得当,学生是否具有了一定的创业能力,来调整学院专业教育与创业教育融合的计划。

(4)教学层面的设计。

各系部要深化教学中专业教育与创业教育的融合,具体体现在深化教学内容和课程体系的改革上。要求各学科教师在基础课程、专业课程中都要写进创业教育的内容,要思考如何从本学科创业教育的方面进行教案的编写和备课,从而在授课中更好地从本学科创业教育的方面引导学生,使创业教育的意识渗透到学生的心里,从各方面培养学生的创业意识和创业能力。同时要开展一定学时的创业实践活动,提高学生的创业实践能力,真正实现对学生创业能力的培养,完成专业教育与创业教育的深度融合。

(5)人才培养过程监控。

学院要建立人才培养的监控体系,比如督导室等,主要负责创业教育教学计划和教学工作的落实。系部要坚持领导听课、教研室听课及教师相互听课制度,以便及时深入地了解和研究教学工作中有关专业教育与创业教育融合开展的新情况、新问题,并提出解决方案。成立以系领导为组长的教学质量督查小组,亲自抓教学质量。要把教学工作检查作为主要的日常工作,安排不定期的教学课堂巡查,系领导要经常深入了解教学第一线创业教育的调查研究,发现问题及时提出改进思路和措施。

(6)培养质量反馈。

按照教学计划完成了创业教育的过程之后,可以请第三方单位对学院毕业生在企业、事业单位工作中的创新创业能力进行调查。学院收集反馈数据后，要交予学院质量监控办公室分析，找出学院在开展职业教育与创业教育人才培养方案中存在的问题，并及时由学院教务处研究调整人才培养方案，同时再联系学院各系部，由系部讨论制订好教师的授课计划和实践方案。通过一整套的方案调整，及时改进专业教育与创业教育的实施措施，以保障学院学生创业能力的提升。

总之，高职院校创新创业教育要更好地开展，就要真正实现创业教育与专业教育的深度融合。

二、大学生创新创业能力提升策略

(一)高职院校学生就业能力提升的必要性

1.高职毕业生就业形势严峻

(1)机遇与挑战并存。

当前中国的劳动力供需市场压力空前之大已尽人皆知，中国是一个处于发展中的人口大国，14亿多人口中的劳动力资源为8.3亿人，其中有7亿左右为从业人员，这表明劳动人口供大于求的基本状况依然会延续。20世纪六七十年代，中国迎来婴儿出生高峰，造成目前和以后20年处于劳动力年龄的人数与总人数比重将保持在65%之上的水平。

世界范围内的经济危机对全球经济发展带来挑战，波及的行业发展受创，大多数企业规模缩减，外需市场缩小，中小企业面对的问题相比较而言更多。由于世界经济发展放慢，必然影响就业，加之中国每年大量增加的大学毕业生，最终使得中国面临的就业负担尤为沉重。

经济危机在冲击各行各业的同时也对高职院校带来影响，用人单位提供的职位数量开始变少，提供给毕业生的职位也开始缩减，高职毕业生找工作的压力增大，就业机会减少，就业未来不确定。越来越多的毕业生面临找工作的问题，就业结构矛盾明显，没找到工作的应届毕业生加上失业的往届毕业生，两支队伍数量庞大，给劳动力市场带来前所未有的压力，面对此种境况，对就业能力的培养变得更加重要，而且即便有如此多的未就业的学生，仍有很多用人单位找不到合适的应聘者，这一障碍的打破极其需要培养学生尤其是高职毕业生的就业能力。

不同的地域,对人才的需求也不同。东部地区经济发达,理所当然地被求职的大学毕业生作为第一选择地域,那些非沿海地区、经济不够发达的三四线中小城市吸引大学毕业生来找工作的力度不够,而中西部地区,中小城市对毕业生的吸引力不大,原因也在于西部地区对大学毕业生的需求有限。东部地区,尤其是大中城市对人才的需求很大。虽然国家推出各种政策来推动中西部地区的经济发展,其所能提供的就业岗位也在变多,但与东部发达城市的距离依旧不小,在西部就业的大学生比例依旧很低。

国家非常注重就业问题,高职院校毕业生就业机遇与挑战并存,虽然中国在经济发展过程中遇到各种问题,但中国经济发展的速度还是很快的,因此为社会提供的就业前景广阔。中国加入世界贸易组织和实施西部大开发战略都能增加更多的工作岗位与机会,国有企业逐步完成改革后要在近几年储备大批人才,此外,通过向农村安排高技能人才实现农村城镇化和小城镇的快速发展,种种措施都使高职毕业生的就业机会增加。还有,中国的人才流动机制在逐步健全,高职毕业生对就业的理解和态度也在日渐理性和成熟,这使高职毕业生在面对工作抉择时有更多的选择和个人的判断。在经济进一步全球化的过程中,未来人才市场在转变,它是为有新知识、高技能的良好品质的人才而非大学生的身份准备的市场,因而要求高职毕业生必须与时俱进,离开校园完成学业后还应该不断汲取多种理论与专业知识,使个人的综合素养逐步提升。另外,企业在招聘过程中更多的是从本单位的发展实际来选拔各种学历水平的求职者,人才选拔日趋理性化,这种大环境也会给高职毕业生找工作提供更广阔的平台。

(2)扩招导致高职毕业生就业受冲击。

大学生是高素质人才,大学生的就业全过程能够展示一个国家整合各类劳动就业资源的关键程序。20世纪末中国高校扩招仅5年,高等院校新生的入学率增长近3倍。西方经济发达国家的大学教育由高级人才到普通大众的转化至少用了十几年的时间,而中国这一转化非常急速,特别是近几年,本科生、研究生人数增长迅速,每年要找工作的学生人数也越来越多。待业人数多,职位数量少,势必使大学毕业生找工作难度增大。求职市场在数量众多的未就业人数的冲击之中相对缩小,矛盾就慢慢出现了。日益增长的高职院校毕业生数量对就业市场造成巨大的压力,他们的就业状况变为全社会的焦点。

当前整个社会的人才资源市场中的主力资源就是高职院校的大学专科毕业生,伴随着中国经济的快速发展,产业结构的升级,用人单位的转型使企业需要的人才素质也发生了变化,对高职毕业生的要求也越来越多。高职院校的学生在找工作时不得不考虑地域、户口等问题,国有企业、机关事业单位在签订就业协议时能解决户口问题,但非常看重应聘者的初始学历,一般要求本科毕业生,因此高职院校毕业生在上述几种单位找到工作的比重很小。同时并不是所有的私营单位都能够解决"三险一金"待遇问题,甚至连劳动合同的签订都没办法落实,导致高职学生的权益得不到保障,再加上地域、户口、社会保障等种种因素的限制,导致高职毕业生在就业过程中面临的压力空前大。

2.高职院校毕业生就业能力现状

(1)职业定位欠准确。

当前很大一部分高职毕业生不了解个人的长处与自己的性格特点,职业定位欠准确。对自己没有准确的认识、定位及能力的判断,致使其面对就业岗位的选择时不知道什么是自己适合的工作岗位,无法扬长避短发挥自己的优势,导致找工作过程中败给其他求职者,或者虽然找到了工作但对工作满意度不高,最终出现离职或工作积极性不高等状况。

根据当前中国教育在线的网上相关调查数据显示,目前高职院校大学毕业生中有36.5%的学生对个人的爱好不够了解甚至完全不知道;有29.3%的高职院校大学毕业生对个人的秉性特质不够了解,还有54.5%的高职院校毕业生对个人的优势与长处不够了解。甚至还有一些高职毕业生就业意识淡漠,没有给自己准确的定位,对工作的期望值过高,梦想要进入工资高且稳定的大单位,而对那些基层的单位和中小企业不予考虑。另外,部分高职院校毕业生就业定位有偏差,对自己的专业技能、理论知识、综合素质及实践应用能力不能有准确的把握,在找工作的过程中盲目并过于理想。有相当一部分高职毕业生将找工作的重心放在学校推荐和家人及亲朋好友的关系引荐上,很少主动寻找工作单位及岗位,毛遂自荐的更是少之又少,将自己的未来寄托在别人身上,听从命运及家人的安排,没有主见,获得工作的机会变少,找到适合自己的工作的概率就更低。面临如此大的就业压力,过高的就业期望与自身的工作水平及工作适应性不符,过于看重企业规模、经济效益、追求物质享受、未来理想化、未认清就业形势的择业心理在高职毕业生中还是普遍存在的。调查发现,将近60%的高职学院毕业生选择到城市的中心商务区域及经济发展快速的地方找工作,去那些不在城市中心而是在城郊或者在经济不够发达甚至稍有落后的地域的用人单位应聘的高职学院毕业生人数很少,西部边远落后地区就更不用说了。由于吃苦精神不足,敬业信念不够,相当多的高职毕业生希望毕业后能进入国企机关事业单位工作,"90后"进入职场,其就业观更加自我,找不到合乎心意的职业宁愿"啃老"也不屈就,有的等待就业,有的加入考试大军,面临竞争更加激烈的公务员、事业单位的选拔。

鉴于高职毕业生本身存在的上述诸多问题,高职学院应该有针对性地对学生进行就业、择业心理指导并开展职业生涯规划教育,对学生的择业、就业观念进行有效引导和教育,在教育的过程中应避免方法简单、内容单调、形式单一的就业指导与推荐。除此之外,在教学过程中培养出具有不可替代性的学生,使培养的学生具有明显特色与优势,才能使就业质量增高,实现高职学院的人才培养目标。

(2)专业技能不熟练。

中国每年都有数百万的高职毕业生离开校园进入社会,其学历在用人单位的选择层次中处于中间地带,比高职毕业生受教育水平高的有本科毕业生、研究生毕业生,比高职毕业生受教育水平低的有"三校生",即中专生、中职毕业生和技校毕业生,国家对"三校生"有补贴,企业的一线岗位更需要"三校生"及社会劳动力,原因在于可以节省聘用成本,也能够胜任工作。高职毕业生就业过程中腹背受敌处境尴尬,就业难度增加。目前,部分高职院校在课程设置方面不够科学,就业指导、校企合作、工学结合达不到预期的效果,高职教育的特色没有凸显,对学生的应用技能的培养力度不够,校企合作的教学模式不被重视,致使高职毕业生处在理论知识不如本科生和研究生、专业技能不及"三校生"的尴尬境地,在就业大军的竞争中无法凸显优势,劣势却很明显。

高职院校的课程安排中对专业理论课的安排状况能够直观地将高职院校如何整合教学资源及办学理念及思路反映出来,它会间接影响高职毕业生的知识结构掌握情况和专业技能的熟练程度,进而影响高职毕业生在就业人才市场上的竞争力。高职院校应该在教学过程中坚持理论与实践并重,同时还应注重职业能力的培养,加强对实训基地的投入,提高实训条件,形成合理的"双师型"教学师资队伍。

(3)团队协作能力缺乏。

团队由领导者和团队成员组成,一个充满效率的工作团队其成员在各自的岗位做好本职工作的同时,还能彼此配合将团队的效率发挥到最好。团队协作是一种集体力量与精神,还是整个集体成员认同且乐意为其奋斗的共同目标。高等职业教育的任务是培养具有理论知识、专业技能和端正态度的学生。有90%以上的企业认为"态度"在选择应聘大学毕业生时尤为重要,高职毕业生的职业能力与素养是企业最看重的,包括较强的团队意识、集体合作能力、组织协调能力及沟通表达能力。较强的团队意识是评价毕业生是否具有相当的综合能力与素质的重要标准。由此可知,是否拥有相对比较强的集体意识团队精神和团队合作能力是高职生离开校园初入职场面对就业竞争的重要筹码。如今的大学生都是"90后",大多为独生子女,在长辈的宠爱及社会环境的影响下性格特征为突显自我,喜欢独处,集体意识淡漠。针对这些特点,高职院校的团队教育与培养要有目的、有针对性地采取渐进式的培养方式,实现课堂灌输与课外体验相结合的方式。

人和人彼此之间凭借一些符号传达信息,表达并捕捉彼此的思维、想法及感情,并能够对彼此的心理活动及行为模式产生影响的社会行为活动被称为人际交往,它是行为人个体和周边的人彼此之间心理与行为活动的交流与沟通的过程。人与人之间的交往能力是指人们彼此之间在开展交流往来行为活动过程中协调彼此间的关系,对整个行为活动的效率产生影响,提升彼此之间交流往来的质量层次及达到交流与往来的目的的独特的心理行为活动。人与人之间彼此交流往来的能力在高职院校大学生的综合素质里面的地位最重要,其能力的高低会对个体的全面协调发展产生直接影响。高职院校的教育在中国的高等教育中的比重很大,是非常重要的构成部分,其目的是培育出大批具备相当的专业理论知识水平与较强的实践应用技能的、面向社会各行各业一线岗位的、实践应用技能类的、拥有一技之长的技术型人才。高职院校学生在人与人之间的交流与合作中逐渐成熟起来,并逐渐成才,最终迈向成功。个体的欢乐、开心、愤怒、悲伤等情绪同样与人们彼此之间的交往有着密切的关系。在生活中,周围有一部分人在某些层面拥有超于凡人的才能,却没能有好的发展,究其原因是和他人的交流与合作不畅所致。在美国,卡耐基理工学院里面的研究人员对1000人的案例进行追踪记录并分析研究,最后发现:50%的人成功源于自身有着熟练的专业技术能力,拥有智慧的思维及较强的工作能力;85%的人成功是因为他们的个性特质,因为他们有着良好的与人交流往来合作的能力。在高职院校学生们的学习生活中,具备良好的人与人之间的交流沟通协作能力,不仅能对大学生活产生积极的影响,还能对他们未来的专业发展工作方向进行规划,并对就业能力产生很大的正面作用,更能为其日后步入社会打下良好的基础。从某种层面上讲,人与人之间的交流沟通能力是高职院校大学生适应这个复杂社会的综合全面的体现。然而当前的高职院校大学生彼此之间的关系都存在着很多问题,如彼此认知偏离实际、人与人之间的情感出现危机、人与人之间的交流功利化、彼此之间的交往需要有人进行指导、人与人之间的关系紧张等,这些状况都令人非常担忧。

3.适应职场与工作能力偏弱

职业适应能力是指个体在完成某一项任务时应该具有的生理与心理方面的综合素质与特质,是遗传因子与后期所生活的环境两者之间相互影响最终彼此融合而成的能力。这几年,高职院校毕业生在就业过程中受到专业技术类的本科生、中职生的两重冲击,除此之外,新型农民工对高职毕业生就业也形成了挤压。因此,提升高职院校毕业生的工作适应能力,接受找工作过程中的角逐,迅速完成由学生到职业人的过渡,既涉及高职院校毕业生的生存现状、就业前景和未来发展,又会极大地影响中国高职院校教育的发展。是否具有一定的职场中的适应能力已然发展成为评估当代人在工作中的幸福指数、社会生活的满意程度、对工作与生活两者是否契合的关键指数,也是当前社会中人们能不能适应当前复杂的社会条件的关键指标。如何增强与提升高职院校学生适应职场与工作的能力,让他们离开校园后短时间内由初级劳动者快速转变为中高级专业技术型人才是高职教育的重点研究方向。高职毕业生如果想顺利就业,其综合素质与适应能力必须要适应严峻的就业环境和有限的就业岗位。目前的状况是高职院校毕业生找工作的期望与当前的就业形势之间,高职院校毕业生个体的职业素质、能力与人力资源市场之间有断层,而且是高职毕业生就业困难的主要原因。首先,个人就业期望值与现实就业环境之间的差距,例如,岗位性质、就业区域、薪资报酬与持续发展等要求,与现实环境相比落差较大;其次,人力资源市场需求和高职院校毕业生个体能力间的实际差别;最后是非常缺乏社会阅历与经验,有报告显示将近50%的高职毕业生因为社会经验不足而备感困扰。由此可知,很多客观原因导致高职毕业生在找工作过程中缺乏竞争力,工作经验不足和实践能力不强是与其他群体相比存在的弱势。

(二)提高高职院校学生就业能力的策略

高职院校的首要目标是培养具有高水平就业能力的毕业生,高职生就业工作是高职院校的重要工作。无论是国家教育部门还是普通的高职院校教育工作者都非常关注高职生就业能力的培养问题。2014年,国家出台了一系列的政策与措施缓解大学生找工作难的问题。不能回避的现状及未来几年大学生不乐观的就业形势提醒人们,对高职毕业生的关注要更多,努力探寻提升高职毕业生就业能力的途径。

当前,社会上认为,高职院校作为国家的教育机构,承担着培养学生就业能力的责任与义务,然而考虑现实状况之后,发现其实高职院校在人才就业能力的培养过程中发挥的作用有限,学校单方面没有办法做好这个任重道远的教育任务。实际上就业能力概念宽泛,在用教育的方法手段来发掘与培养的同时,还需要社会各方面的共同努力才能实现高职生就业能力的提高。

1.提高就业能力学生自身是关键

提高高职毕业生就业能力的关键因素是学生本身,外因通过内因起作用,相同的学校环境,每个学生的就业能力会有所不同,学生自身是关键。

高职院校在校生要从自己做起,首先要提升自我对专业理论知识与技能的习得能力。中国的大学严进宽出,高考后学生彻底解放,大学期间学习压力不是特别大,又有相当一部分的学生不是特别在乎成绩和排名,甚至有学生追求及格不挂科就好。实际上大学几年的学习是学生自身构建专业知识体系的关键时期,也是锻炼学生综合素质参与各种活动的最佳时期,还是提高高职学生实践应用技能的重要阶段,这些学习能力都为高职学生日后的就业成功提供了保证。其次,树立正确的就业观念。正确的就业观念能指引高职院校毕业生顺利找到工作,在如今"双向选择自主择业"的就业体系下,高职院校毕业生应从传统的观念中脱离出来,用科学理性的思考方式面对就业问题,这对自己和整个社会都能起到积极的促进作用,也能为成功找到工作提供保证。考入大学之前,考生与自己的父母大多看重的是著名学府、炙手可热的专业、高不可攀的分数,然而几年的大学校园生活的历练,早前曾有的荣耀,已经渐渐褪去,当初入学时的抢手专业,同一分数线、同一起跑线,却在走出校门离开校园之后产生了不同的综合与素质能力的毕业生。同样的学校、课程与专业,培养出来的学生水平各不一样。在人力资源市场中,有的毕业生受欢迎,有的则不受欢迎,甚至滞销。这些都是因为传统的教育观念带来的困扰,只有转变就业观念与态度,才能拓宽就业的路子。毕业以后的人才角逐的筹码不仅在于学历与名校的包装,更多的是个人的综合素质能力及恰当的自我展示与推荐。如果入学前还存在天壤之别,那毕业后则站到了同一起跑线上,机会并不相差多少。最后,积极采取就业行动。天道酬勤,在就业过程中要多付出,多努力。当前中国处在体制转型阶段,就业体系不完备,就业市场不规范现象也很多,外在的客观因素无法改变,但可以从改变自己开始。找工作需要高职毕业生主动出击,提高自身条件,采取正确的有效的就业行动,充分把握就业现状,熟悉相关法律法规,以免受骗,遇到纠纷时也能维护自身权益,知己知彼才能将就业障碍扫除。

(1)做好职业生涯规划。

早起的鸟儿有虫吃,高职学生面对当前的就业形势,从入学开始就要树立正确的职业价值观,做好职业生涯规划,清楚地了解自身的长处和不足,准确把握自己的特长、兴趣爱好和能力范围,确定自己有兴趣的就业目标,有针对性地提高自己的职业修养,先下手为强,这样才能避免毕业时盲目,不会临时抱佛脚,熟悉并了解当前就业市场的供需状况、锻炼提升在职场中赢得就业机会的能力是高职学生在校期间应做到的两个基本点。十年寒窗苦读,三年高职大学生活是为了追求人生理想,实现人生梦想,合理地规划现在和未来,积极主动地学习构建自己的理论知识体系,掌握融会贯通、举一反三的学习方法,合理利用时间,在实践中培养个人的兴趣与爱好,学会人与人之间的有效交流与沟通,在能力价值、思想前途等各方面提升自己。按照自己的实际情况制订个人的职业发展目标,在学校老师的指导与帮助下制订个人的职业规划,在这一过程中要特别注意两方面问题,首先是按照规划安排自己的学习、生活及实践,要落到实处,防止计划落空;其次是在职业生涯规划实施的过程中,及时处理反馈回来的信息,总结进步或成功的经验,鼓励自己再接再厉,还要分析不足并设法改进。

(2)加强专业知识学习和应用技能提高。

高职院校办学的理念就是要为社会各行各业的一线工作岗位培养具备扎实的专业理论知识体系,同时又具备实际应用技能的高水平高层次的技能人才。具备扎实的专业理论知识与过硬的实践应用技能的高职生才能在走上工作岗位后受到企业的欢迎,这也是高职教育人才培养的特点。

企业选拔人才时除了看重应聘者大学期间掌握的专业理论知识,还更看重实际操作应用技能。当前的教育现状是理论知识与实践相脱节,问题较多,有些高职生重理论轻实践,会说不会做,而另一部分高职生重实践应用技能忽视专业知识,导致进入职场后劲不足,发展受限,甚至会有仅凭经验工作缺少理论指导而出现失误的情况。理论是实践的基础,增强实践应用技能可以让高职毕业生快速适应用人单位的岗位需求,满足工作要求,从而提高高职毕业生的就业信心,提升企业对高职院校合作办学培育人才的自信心。

高职毕业生就业是否稳定取决于他们是否具备扎实的专业理论知识及过硬的实践应用技能。高职生在校学习期间应该积极融入理论与实践相辅相成的教学环境中,借助学校、社会、企业已有的平台资源,既要提升应用技能,给未来找工作奠基,又要储备建构完备的专业知识体系,以便日后参加工作在岗位上指导实践。实践能力不是短期内能够获得的,需要反复进行验证才能得出有指导价值的经验。高职生要重视学校的教学实习,熟悉实习环节的操作规程并认真执行,提升个人职业素养,为日后找工作打好基础。除此之外,高职生还要积极配合学校与企业安排的工学结合顶岗实习,抓住每一个机会体验真实的工作环境,向用人单位的老员工请教了解岗位需求,增强实践技能,提升职业素养,为日后找工作做准备。

不可否认的是,从事任何一项具体的工作都必须具备相对应的专业理论知识及实践应用技能,尤其是高职院校学生离开学校步入社会以后,有相当一批学生都会到各行各业的一线岗位去工作。既有扎实的专业知识又拥有过硬的实践技能的学生才会受到用人单位的欢迎,这也是高职生的培养特点。

(3)做好实践技能和创新创业能力培养。

高职院校更看重培养学生的实践能力,所以高职学生在上学时应尽可能多地参加各种活动,无论是老师组织的实践还是学校安排的实习,都应积极参加。高职生应珍惜各种机会,利用学校搭建的活动平台去实践,在实践过程中提高分析问题、处理问题的能力,加强集体协作意识,增强沟通能力,进而提升就业能力。

实践教学对培养实践应用技术非常重要,高职生需要的实训场地环境及设施要求非常高,用人单位与学校提供实训基地可以为高职生提供真正的实践机会。学校还可以改革实训教学,培养高职生的职业适应能力。首先,强化校外实训基地的实践功能,提供半年以上的企业顶岗实习机会,让学生在真实的工作环境中熟悉企业文化,了解岗位需求,积累工作经验,打好工作基础。其次,专业教师到用人单位锻炼指导学生,取企业员工实践经验丰富之长补己之短,向"双师型"教师发展,从而更好地指导校内实训。再次,邀请企业精英指导校内实训教学,提升实训质量,加强应用技能,从而提升学生们的就业综合水平。最后,学校要争取社会各方面在资金、设备、技术等方面对学校给予支持,建成更好的实训、实习基地,为学生提供更多的实践机会。创新能力是指人们将个人已经掌握的专业理论知识与技能,经过反复的钻研与摸索,得出不同的结论,创造出具备一定的社会价值意义的新鲜事物的技术与能力,是一项综合性强的高水平高素质的思考能力及行动力。

创业是主动的就业活动,发挥潜能开创事业的同时还创造了就业岗位,缓解了社会压力。从教育部的统计数据看,中国每年的创业大学生比例不足1%,应届大学毕业生的创业比例不到0.4%,而高职院校大学生的创业比例就更低了。高职大学生创业能力滞后,创业率则更低。在德国、美国等经济发达的西方国家,他们每年的大学毕业生的自主创业的比例占20%~30%,这些数据说明当前中国的高职院校毕业生的自主创业比例无法与发达国家相比。

当前中国大学生创业意识淡薄,高职生更是如此。近几年,国家也在出台各项政策鼓励扶持大学生创业,高职院校应从以下三方面教育引导高职学生的创业意识。首先是开设讲座或专题研讨活动,请来自主创业成功人士与学生面对面交流并讲述个人经验,从而带动学生的创业意识;其次,要将成功创业的大学生案例作为典型引入课堂,贴近学生给其创业信心;最后,创建高职院校大学生创业见习与实习基地,同时开设创业课堂,理论与实践相结合,开展创业项目,积累经验。

(4)重视岗前求职培训。

岗前求职培训能够让学生完成从学生到职业人的过渡,有针对性的培训能够提升学生的求职能力。现实状况是有相当一部分高职生对此不够重视,导致对企业的文化制度不了解而产生矛盾与分歧。适应不了企业的价值观及制度,在走上岗位开始工作时无法尽快适应,满足不了企业要求,在实习期出现各种问题,如不理解顶岗实习的真正目的与意义,简单视为打工,走过场,机械地工作,忘记从中学习的任务;害怕吃苦,缺乏吃苦精神,习惯自由,厌倦实习,无组织无纪律,消极散漫,对自己要求不严格,遇到困难易放弃。因此,高职学生必须对岗前求职培训有一个正确的认识,并重视其内容才能提升自我。

给高职院校大学生进行职前培训,最终要达到使其能够应对找工作时遇到的种种困难,整合人力资源市场需求与人才市场的供给,使双方契合。高职院校大学毕业生在找工作过程中的角逐,事实上是个人综合素养的角逐,角逐的筹码即高职院校学生本身所具有的专业理论知识体系与实践应用技能。为了增强学生的求职能力,高职院校在学生在读期间和毕业之前为学生提供一系列求职信息和加强求职能力的求职培训活动。高职院校应该为学生们创造条件,提升学生职业适应能力及培训与引导其个人求职能力,并尽可能多地为其提供用人单位的招聘信息,使学生熟悉个人的基础专业,熟悉自己未来即将进入的行业范围及自己即将承担的工作与社会角色,还要针对自己的秉性特质,擅长的领域及个人的长处做好个人的求职规划,进而树立起个人的未来发展规划与个人梦想。高职院校学生通过3年大学时段的锻造,其正向思维若能被很好地调动起来,就能够运用创新思维掌握本课程的专业理论知识体系与专业实践应用技能,给自己制订一个全面发展的职业规划。

(5)树立积极健康的心态。

各方压力的冲击使高职毕业生处于内心煎熬的两难的选择境地。大城市机会相对较多,学到的东西也多,但买房压力大,远离父母,照顾不及,时间成本生活成本高;小城市、家乡机会少,越小的地方裙带关系越严重,去基层锻炼担心回不到城市或家乡,小的企业制度不健全,发展受限,"铁饭碗"难进也难端,沉闷刻板、人际关系复杂等。更难的是面对各种选择使高职生易迷失自己,要想理性地做出就业选择,就要摆脱焦虑不安,将心态调整好,转变就业观念。

转变自身就业观念可以纠正偏离的心态,但整个社会大环境的改革还需要完善的体系来做后盾。这就要求经济结构发生改变,社会转型,让更多的大学生、高职生有施展自身能力的机会。转型后的社会更加公平,蚁族、蜗居者的现状发生改变,通过个人的奋斗实现自己的理想,大环境未发生改变时就要通过个人奋斗,用积极健康的心态面对择业,主动获取相关的知识和信息,包括明确知晓相关行业、心仪企业的企业文化与制度,知道各种岗位对应聘者的综合素质要求,清晰认识企业内涵,掌握专业知识与技能,学会社交,处理人际关系,通过更多的渠道去找工作,了解国家、地方的各种关于促进大学生就业的政策,机会青睐有准备的人,做好各方面的准备,机会来临时才能有更多把握胜出。

2.高职人才培养要契合市场需求

高职院校是培养高职人才的主体,高职毕业生总人数、就业能力、人才质量及与市场岗位需求的契合度影响就业率。高职院校要从专业设置、培养模式、就业指导及行业需求契合度等方面来提高高职生的就业能力。

专业设置。专业的选择对于毕业生而言至关重要,直接决定其专业知识和技能及将来的就业问题,其中的专业技能决定着就业能力,影响着择业范围,即使相同专业的毕业生在社会中的不同领域的认可程度也是不尽相同的,所以,高校在专业设置方面要充分考虑市场需求,符合经济社会的发展,得到社会的认可。

培养模式。高职院校学生应全面提升自身综合素质,以满足社会需求为目的,现阶段绝大部分高职院校仍然侧重于大学生的专业理论的学习及大学生的交际沟通能力的提升。相应课程设置也以数量、课程的教学方式、组合方式和考核方式为考量。课程设置与学生接受能力会影响到学生,同样也会影响到学生的综合素质的提升。

就业指导。指为实现学生自身价值同时创造社会价值提供进一步的培养过程,学生在高校就业指导服务过程中获得的能力在就业中起着至关重要的作用。高校对于学生的就业相关信息的收集和公布,自身职业规划,在求职和面试过程中的指导,甚至在自我创业过程中提供必要指导,都会对大学生就业能力的形成有重大的意义,相反,高校工作不到位,直接会影响到就业率。

学校依靠的行业需求不稳定。社会中的某些行业经过市场经济长时间的选择而被淘汰,对于相应专业人才的需求也会逐渐减少,如果高校不能及时关注行业发展,继续保持之前的招生量,且专业设置未能创新,势必影响学生的就业,降低高校的就业率。

(1)就业能力培养与理论教学并重。

用人单位选拔人才时关注的重点不是名校、好专业,更多的是实践能力、综合素质及未来高职生入职后对企业的贡献。所以,以就业能力为导向,注重培养高职生的实践操作技能及提高学生综合素质,才能使其在毕业后更有竞争力。

按要求完成教学工作,达到教育目标,教师在整个教学过程中起着积极的作用。所以,高校建设高水平、高技能的教师队伍显得至关重要,同样也已经成为很多高校建设的关键。目前,高职院校的教师队伍大多数来自高等院校,虽然有较高的理论层次,但没能经历相关专业技术的培训和实践,甚至没有接触过工学结合模式,仍然选择比较传统的教育方法,以课堂、教师、教材为中心,注重讲解专业学科门类的理论知识,对实践应用技术的培养不够重视。高职院校学生的学习不够主动,如果不能提高学生学习兴趣,不能把学生作为教学的主体,忽略了学生的实践性和自主性,毕业生就不能达到高职院校的培养目标。同时,高职院校应吸纳更多的专业技术人员,加强教学理论与实践环节的结合,在注重知识的同时能力也得以提高,培养出来的毕业生才能够很好地适应社会所需。

当前社会上普遍存在大学生就业难及用人单位招工难的问题,高职院校学生想在各类应聘者的竞争中脱颖而出，找一份比较不错的工作很难，用人单位招聘到合适的员工也难。分析原因有很多，很重要的一点就是社会发展岗位需求与高职院校培养出的人才不契合。很主要的因素就是高职生的专业知识结构与就业能力不能满足当前社会状态下市场岗位的要求，因为很多企业发现高职毕业生走上工作岗位后需要一段时间来适应工作环境，会给企业的运营带来影响，所以很多用人单位在选择人才时会提出有一定的工作经验的要求。高职教育中存在的理论与教学脱节及与企业的深度合作缺乏的现状需要改变，只有将教育与社会生产紧密结合在一起，才能将教育为社会发展所做的贡献落到实处，学生需要课堂理论教学与实践能力两者结合培养才能获得提升。高职院校要与企业深入合作，同时紧跟市场需求开展岗位需求分析，对毕业生入职后进行跟踪调研，按市场需求设置课程及专业，并根据社会需求对专业的大方向及时做些调整，避免学生步入社会后其专业已经不适应岗位的需求而导致多重资源的浪费。调整专业方向核心是岗位需求，所设置的课程体系与工作要求要相契合。高职院校应邀请企业的技术骨干参与课程的设置与开发。首先，改变传统教学理念，根据职位需求，重视培养高职生的知识素质与能力，设置实践技能与综合素养并重的课堂教学；其次，按照用人单位的岗位需求结合高职院校学生实际情况，编订与实际生产紧密相关的课本与教材，将理论课程与实训实践紧密联系起来；最后，根据社会经济发展的需要更新设置课程内容，添加新的知识和技术完善教学体系及内容。

（2）开展校企合作与工学结合。

关于工学模式的定义在学术中的阐述不尽相同，通过综合比较分析，可以理解为学校、用人单位、学生三方面默契配合将课堂的专业理论知识、学习与实践应用技能有机结合起来，更好地培养人才的全面综合的方式。通过查阅国内外的教育理念，可以确定工学结合模式是现阶段职业教育贯彻国家教育理念和社会劳动相结合的重要方式，符合教育的基本规律和特点，能积极反应职业教育的核心特点，可以有效地指导现代职业教育的发展方向。以就业为指导，学生作为内容的主体，以提高学生的综合素质为本质，与企业需求相匹配，注重过程培养，注重培养内容与工作需求的有机结合。工学结合模式以培养毕业生的综合能力为本质，使其具备良好的职业道德和实践能力，并能满足社会的基本需求,以能很好地胜任相应工作岗位为目标。早在100年前,西方国家就出现了工学结合模式。工读交替制有短期和长期两种,也被称为"三明治"模式,即学生最初进行1年的工业训练,然后回学校再进行2~3年的理论学习,再用1年时间去企业实习。在美国,以"合作教育"贯穿社区学院的教学过程,社区学院为主,企业为辅,整个过程在学校和企业共同完成。德国则采用"双元制",一元主要是学习相关的理论知识;另一元则指企事业单位等的实训基地,在这些场所学生则可以受到更专业的培训。这种模式的特点:一方面具有较强的针对性,另一方面具有广泛的参与性。"双元制"职业教育模式可以实现学生的学以致用,将自身的理论学习与企业的特定岗位的设备、技术等相结合,此过程有利于学生毕业后的顺利上岗。企业的广泛参与也可以为企业减少对于新毕业生的过渡培训,减少企业的支出。澳大利亚则通过多年的摸索形成了以雇主为中心,将行业需求作为职教教育的主导,使职业教育具有较强的发展动力。

人才的培养方案集中体现国家的总体战略、方针,要使工学结合落到实处,就需要制定相应的保障制度,保障人才培养模式能够在院校顺利展开。在工学结合人才培养模式实施过程中,教师应坚持以市场需求为导向,从专业人才培养目标设计、课程体系设置等方面改革,为高职院校大学生创设良好的基础环境。

加强与用人单位的交流与合作。高职院校的人才培养理念是为社会各行各业的一线岗位培养具备专业理论知识体系及实践实用技能的高水平高技能的专业人才。如今,高职院校毕业生找工作面临的现实状况是用人单位急需大量的高学历实际技能型人才,而当前高职院校毕业生的实用操作能力,不能够满足企业的岗位需求,这就需要加强高职院校与企业的合作,逐步提升工学结合的效率,可以有效提升高职院校毕业生的就业能力。

当前中国高职院校教育的短处在于学校与用人单位的合作力量不够,合作开展不充分,高职院校办学历史短,社会对其认可程度不够高,实训软件硬件条件不足,"双师型"专业技术型教师人数不多等现状导致很难单独依靠校方让高职生享受全面锻炼,学习实际应用技术水平。传统的高职院校教育将校内的实训与校外的实习分开。近些年,高职院校招生人数的增加使专业技术型教师的比例相对更小,这就更难保证高职生实际应用技能的培养了,更何况,有些高职院校的校内模拟实训与真实的企业岗位生产差距很大。与学校不同的是,企业有较多的高级应用技术型人才,接触的都是当前最先进的生产技术,能够提供让高职院校学生学到更多更新的实用技术的真实平台。校企合作、工学结合的教学过程由实验、实训和实习三个重要的环节构成,具有实际应用性、全面开放性和职业岗位性三大特征。双方的合作可以解决高职院校办学条件及应用技术型教师不足的问题,还可以让高职生通过在企业中接触真实的工作岗位,提前体会真实的工作环境,从而让其明白自己需要学习的理论知识与应用技能的重要性。

创建用人单位、学校、学生三方边工作边学习的教学方式,健全完备的法律体系来保证这一人才培养模式的健康有序有效地运行。德国的职业技术教育办学理念中,职业学校、用人单位严格按照国家政府部门颁布实施的政策法规运行。当前中国还没有配套的详细的有针对性的政策条文来对学校与用人单位做相应的限制或支持,因此,在目前没有健全的政策条文的处境下,如果想带动并推进用人单位与高等职业院校的办学,高职院校应尽可能想办法让用人单位从工学结合的模式中受益,继而带动用人单位主动地加入校企的合作中来。高职院校更应主动联系用人单位,按其所需开展教学,与用人单位展开技术研发,与用人单位共享学校的优势资源,并诚邀企业参与学校的课程改革及发展,共同参与培养学生的专业技能,尽可能将用人单位所需要的利益最大化,尽量降低或者化解对方的困难或损失,达到互惠平等、共同分享利益、一起承担风险的互利双赢模式。

综上所述,高职院校与用人单位的合作办学,让学生在校期间边学习边工作的人才塑造方式对提升高职院校学生的就业能力有着积极的作用。第一,校企合作、工学结合能够按照企业需求,有针对性地培养专业人才,提升高职院校毕业生的就业能力及水平,推动高职院校的长远发展;第二,在校企合作、工学结合模式下,培养出来的能够满足用人单位需求的实用技能型人才更受企业欢迎,因为可以给企业的生产经营节约成本;第三,校企合作、工学结合模式使高职院校学生在一线岗位接受专业性、职业性的指导与锻炼,让学生了解日后所从事的工作的各种相关的信息,提供了预就业机会,让高职院校学生更有信心和责任心,并具备相对准确的自我判断能力。工学结合、校企合作可以让高职院校、用人单位及社会各方都能够获得自身所需要的利益,是高职院校教育的必然选择。

3.完善高职院校毕业生就业指导体系

高职院校通过为高职学生提供就业指导来提升他们进一步实现自身人力资本价值的目的,这一指导最为直接,可以将指导学生就业跟高职院校学生如何规划设计未来工作的相关课程纳入教学安排中,为在校的高职院校学生提供相关的求职找工作的信息搜索、求职面试技巧、创业培训及计划未来的工作等各种实际的引导,上述各种对于提升高职院校毕业生的就业能力有很积极有效的作用。高职院校要根据实际情况有针对性地开展就业指导活动,首先要了解企业对人才的需求及岗位要求,进而与高职生进行对比,了解不足并对其有效地进行指导。

高职院校应在就业指导体系构建过程中注重强化高职学生的实践应用技能,让他们早点熟悉社会,给自己的未来工作方向定位,再根据自身条件确定日后找工作的方向,同时可以将就业指导融入实习、实训过程中,利用实习、实训提高学生的集体协作意识及组织协调能力,培养专业技能;指导高职生在求职时学会推荐自己,并指导他们面试的技巧,平时注重培养学生的语言表达沟通能力及人际交往能力;自我推荐与面试模拟可以考核高职生真实介绍自己及完美展示自己,招聘者可以通过面试来了解判断应聘者的秉性和与人交往的能力,进而决定是否录用,教给高职院校学生面试的技巧,让他们明白面试时应该注意什么;在找工作的过程中礼仪很关键,谈吐优雅、衣着大方、态度真挚可以让招聘者眼前一亮,细节往往更能表现一个人的特质,所以礼仪培养对高职生来说,也是进入社会之前需要在学校好好学习的重要一课。

高职院校在学生的培养过程中,通过指导高职生就业,一方面可以使学生在求职面试时展示个人风采,另一方面还可以让高职学生掌握更多社交能力及沟通能力,可以更好地、从容地面对就业问题,提升就业能力。

4.增强创业课程培训,提高创业就业能力

政府部门面对当前的就业现状,积极提倡鼓励并支持大学生创业,因为创业在解决大学生就业问题的同时,还能为整个社会提供更多的就业机会,政府为创业的大学生提供税费减免、资金支持、贷款等优惠政策,很多高校也开始创建创业园区、创业基地,为学生提供创业的场地、设备等方面的支持,各级地方政府也出台了相应的政策文件对创业高校毕业生进行一次性资金补贴,让他们在平凡中活出精彩。国家将大学生就业问题提升到战略高度,充分体现了党和政府的重视程度,把创业作为推动就业的核心动力,是中国在充分总结分析了近年来中国的大学生就业情况,深入了解扩大就业的规律,科学严谨地分析就业形势后提出的。

大学生成功创业后能够提供就业岗位,进而带动就业,这也是缓解当前大学生难找工作的有效方法,对于如何培养毕业生的创业意识并提供合适的创业环境是政府、高校及社会关注的问题。鼓励大学生去创业是顺应时代需求,符合当代社会经济发展流向,整个社会大环境也在关注大学生创业,既是焦点也是热点,同样也是党和政府及地方出台相关政策的关键词。创业是毕业生的主动性就业,因此,对于大学生创业与就业相关性的研究就显得十分必要和迫切。让创业催生更多工作岗位带动就业工作,是指劳动行为人建立新的用人单位,包括建立一些个体经营的项目或多方合作的组织,能够推动就业,开创企业,一方面可以解决自身的饭碗问题,另一方面还能增加更多的求职岗位,提供更多的就业机会是解决更多劳动者就业的最佳途径。大学生已接受过相关教育,并可根据相关领域结合自身所学知识和技能来创造更多的物质和精神财富,并同时为其他人的就业活动提供帮助。综合分析,现阶段大学生创业失败者远远大于成功者,虽然大学生在创业方面有很多优势,包括理论层次、技能水平等,但大学生的整体素质和实力是创业成功的基础,同时政府和社会的政策扶持和导向也起着风向标的作用。中央和各地政府为帮助大学毕业生创业也都制定了相关的优惠政策,包括降低注册成本、给予贷款扶持、税收优惠等。高职院校要以培育创新型人才为目标,全面推行课程的内容设置与教学模式的改变,提升整个师资队伍的整体质量与水平,逐渐增加教学与培训及实际应用课程体系的建立和完善,并大力开展相关问题探究和调查,为改革传统的教学模式,提升高职院校在创新创业教育方面的理论研究水平及教学质量,完善当前中国高等教育中的创新与创业课程教育与教学体系的建设而努力。

(三)加强政府的宏观调控和高校的自主权

政府的宏观调控对高职院校毕业生的影响最大。政府对高职类院校要用正确的方法,站在一定的高度进行指导,协助高职院校完成人才预测及专业的调控,并掌握各种不同类型的人才培养规模,尤其要注重专业的实用性,以便符合社会需求,提升高职生就业能力,完成高职院校有效的非盲目性的改革,政府除了对高职院校进行宏观指导还应将更多的自主办学的权利交给高职院校,让其在原有的高等教育体制下能够有所创新,包括办学内容、思路及举措等方面有新的突破,进而将职业院校的教育提升一个水平。没有充分的自主权就无法充分发挥高职教育的优势,高职院校在专业设置、教育改革和人事安排等方面拥有更多的自主权,就能够真正面向社会面向市场办学,能够按照市场的发展需求设置专业类型,确定招生人数。

1.扩大宣传,树立培养学生就业能力的意识

中国的高职院校发展历史不长,整个社会不太了解高职院校,高职院校的发展定位及培养的高技能人才不被社会熟知。高职院校毕业生找工作时往往因为在高职院校就读而不被企业看重,甚至有不少企业招聘时不考虑本科以下的高职院校毕业生。面对这种情况,政府部门理应完善就业法治体系建设,着重监管劳动力市场,对有就业歧视的企业采取处罚措施,严禁就业歧视再次发生,从而使高职院校教育的毕业生在一个平等的环境中找到工作。除此之外,政府部门还应该通过加强对高职院校的宣传,创造良好的社会舆论环境等方法改善和提高高职院校在整个社会中的形象,为高职院校的毕业生创造较好的就业大环境。

政府部门在高职院校毕业生找工作的过程中发挥着至关重要的作用,政府部门一方面要积极履职,另一方面还要避免大包大揽,应坚持以市场为导向,改变高职院校毕业生就业的传统观念,指引高职院校毕业生积极主动争取就业机会。政府是对高职院校毕业生就业造成影响的社会因素中的最主要的一个因素,大部分高职院校招生的专业设置都由政府宏观把握,而大规模的招生使得人才市场供过于求,带来更大的就业压力,企业面对如此多的大学生便优中选优,造成适合某份工作的高职院校毕业生被淘汰。

另外,有些专业的高职院校毕业生的数量供不应求,如建筑、机电等工科

相关专业,市场对他们的需求量很大,这些毕业生好找工作,政府应适量增加这些专业的招生数量;还有些文史类、理科专业就业状况不太好,供大于求,这些专业不能再继续扩招,否则会继续加大就业的难度,应适当减少这些专业的招生人数,缓解供求压力。政府部门的盲目干扰会造成不符合市场需求的专业出现,而最终影响高职院校毕业生就业。因此,政府部门应适时对不断发展变化的市场及人才需求做出准确的评估,掌握市场需要的人才类型,然后对高职院校专业进行设置,将人才数量与岗位需求数量比尽可能降低。

2.重视投入,加强政策支持力度

中国的高等职业教育有30多年的历史,随着高职教育的快速发展,各级政府部门也关注高职教育的发展并为其良性发展提供了不少帮助。在政策、资金等方面对高职教育进行引导扶持,包括全力倡导工学结合培养高职人才,给高职院校提供资金支持,建设实训场地并提供设备,加大宣传高职院校,全力指引高职院校毕业生就业。然而,现实中仍存在很多问题,例如,积极地倡导并开展高职院校与用人单位密切合作的培育人才的方法,为高职院校、学生、用人单位三方创设较好的合作环境,在场地、资金、技术等方面提供软件与硬件的全面保障,积极提高高职院校的社会形象,主动引导高职院校毕业生找工作,让他们更好地就业。由此可知,高职院校要积极争取政府部门出台对高职院校学生就业能力培养有利的相关政策法规。首先,要向各主管部门申请争取对高职教育办学加大投入,建设实训场地,健全实训设备;其次,取得政府部门在税费减免等方面的政策支持,使得用人单位主动与高等职业学校展开合作,推进高职院校与用人单位的合作,全面提高高职院校学生的综合素质与就业能力;最后,高职院校可以跟政府及企业主动沟通并协调,以赢得行业支持,鼎力宣传高职教育的毕业生就业,开拓更多高职生就业的途径。

大量的资金投入及实训设备的保障是校企合作、工学结合模式开展的前提条件,这种教育模式成本很高,而高职院校学生的实训又是必需的,因而高职院校应有更大的投入。某些工科相关专业实训和实习对场地及设备的要求更高,而高职院校办学条件有限,提供不了仿真实习基地,必然影响高职生实践应用技能的培养,这一阻碍高职教育发展的瓶颈一直存在,政府需要解决这一问题,然而事实却是,各级政府部门在高职教育的发展中并没有做好管理、协调与监督的工作。政府对高职院校外部宏观优化、长远发展规划、与各行各业及相关企业的合作不够重视,各方面的投入也不足。中国在相当长的一段时间区别对待普通高校与高职院校的招生政策与扶持政策,对高职教育的发展不利,使其社会地位降低,并大大加重了整个社会对高职教育的片面理解,继而造成了一些企业想参与工学结合、校企合作却因资金及政策支持无法落实而放弃。另外,政府对高职院校教学中的工学结合资金支持空缺很大,导致师资受限,在实训与实习的具体操作与管理时会浮出各种特殊状况,都需要指导老师来出面化解,如消极怠工、操作不当等问题,人手不够造成很多问题没能彻底解决,甚至有意外发生,种种政策和资金的不落实限制了学校在选择合作企业时的范围,不能提供高质量高效率的顶岗实习,影响学生学习实践应用技能。以上种种问题,都需要政府来统筹规划解决。

3.政策支持,提供就业能力培训服务

政府财政支持是高职教育的主要资金来源。世界上每一个国家的教育在政府部门的地位都是非常高的,政府财政部门对其提供的投入与关注也最多,因为无论多穷也不能穷教育,充足的资金是提高教育水平的前提。高职院校办学要紧贴社会发展需求,注重高职院校学生的实际应用技能,对实训课程、实践基地及专业技能实践的设备有一定的要求,这些都加大了高职院校办学的成本,而资金不充足又会反过来影响办学的质量。注重高职毕业生提升就业能力,设立专门提升培训就业能力的资金,专款专用,为高职院校学生就业能力的培养提供坚实的物质保证。在政策及资金方面,对那些为高职院校学生的就业能力培养提供培训的组织提供支持,进而促进他们的积极性,还要增加对那些校企联办的校外实践基地及创业基地的政策支持力度,指引参与校企合作的企业及行业积极投入高职院校学生各方面综合素质提升的工作中,提升其就业能力。

第四章 创新创业背景下高校人才培养模式构建

第一节 创新创业人才培养模式内涵以及改革背景分析

一、"创新创业+"人才培养模式内涵分析

"创新创业+"代表一种新的人才培养模式,是适应我国经济新常态下的一种教育模式改革的发展导向,是将创新创业理念深度融入传统的人才培养模式中的一种创新。"创新创业"作为核心概念,其内涵是以构建培养拔尖创新创业人才为指向的现代高等教育模式为目的,引导学校师生不断更新和升华教育观念,深化教育教学改革,将人才培养、科学研究、社会服务紧密结合,实现从注重知识传授向更加重视能力和素质培养的转变,强化对学生创新创业精神、创新创业意识和创新创业能力的培养,切实提高人才培养质量。"+"作为模式外延,即将创新创业与高等教育中各类专业的人才培养及专业建设相结合,以创新创业教育为导向,改革传统的专业人才培养模式,提升专业建设质量,以适应我国经济新常态下对人才培养的需求。[1]

"创新创业+"的人才培养模式,其外延是无限延展的,是可推广、可复制的。该模式不仅适用于高职高专的专业人才培养模式,同样适用于综合型大学、研究型大学的专业、学科建设及人才培养模式的改革创新研究。简单地说,就是"创新创业+XX专业=基于创新创业导向的专业人才培养模式"。

二、"创新创业+"人才培养模式改革背景分析

当前,我国已进入全面建成小康社会的关键时期和深化改革开放、加快经济发展方式转变的攻坚时期,形势凸显提高国民综合素质、培养创新创业

---

[1] 项勇,黄佳祯,王唯杰.大学生创新创业素质培养机制研究[M].北京:中国经济出版社,2017.

人才的重要性和紧迫性。在2014年8月召开的中央财经委员会第七次会议上，习近平总书记强调："创新驱动实质上是人才驱动。为了加快形成一支规模宏大、富有创新精神、敢于承担风险的创新型人才队伍，要重点在用好、吸引、培养上下功夫。"高校创新创业教育工作与稳增长、调结构、促改革、惠民生提出的新要求相比，还有很大差距，特别是在人才培养工作中的短板效应越发明显。因此，加强大学生创新创业教育，提高其创新精神、创业意识和创业能力，鼓励其开展创新创业实践，是学校服务于国家转变经济发展方式、建设创新型国家和人力资源强国的现实要求。"创新创业+"的创新人才培养模式正是基于这样的背景而提出的。

第一，"创新创业+"人才培养模式是在理念论、思辨哲学和实用主义教育观的指导下，构建出的相对协调与完善的符合我国高等教育实际情况的创新创业理念体系，为在不同类型的高校、不同层次大学生中开展创新创业教育提供较为具体的认识定位与实践指导。理念是一个靠内在逻辑发展，其中包含着逻辑的起点和诸多的逻辑中介，最后形成的逻辑终点将起点与中介纳为自身有机组成部分的一个协调体系。高等教育的理念是对高等教育内在的本质规律、价值取向，外化的功能、目的和方法等一系列基本问题理论化、系统化的，具有相对稳定性和生长性的理论体系。高等教育的创新创业理念从属于高等教育的理念。因此，它将更为具体地揭示创新创业的诸多方面。

第二，"创新创业+"为我国高校培养大批的创新创业型人才提供较为具体的推进模型与行为方式，以促使我国高校的培养目标由知识型向创业型转变。人类的任何一种活动，都是目标引领性的活动。由于目标设定的层次、取向的不同，就使得行为主体要设计不同行为方式来达到不同层次的目标。创新创业的目标是一个体系、一种模式，由不同的创新创业板块的分目标所构成，其合力最终成就了创新创业的总目标：培养大批的创新创业型人才，为国民经济的活力与可持续发展提供源源不断的人力资源。"创新创业+"引导学校师生不断更新和升华教育观念，深化教育教学改革，将人才培养、科学研究、社会服务紧密结合，实现从注重知识传授向更加重视能力和素质培养的转变，强化对学生创新创业精神、创新创业意识和创新创业能力的培养，切实提高人才培养质量。

第三，"创新创业+"解决了创新创业教育与专业教育"两张皮""互为孤岛"的问题。近年来国内一些高校在创新创业教育方面进行过一些有益的探索，但普遍存在未能将创新创业渗透到学校教育教学全过程的问题，以及创新创业与专业教育严重脱节的现象。然而，创新创业教育同专业教育应当是有机融合的。首先，创新创业教育必须依赖专业教育，专业教育是高等教育承担的基本职责。脱离专业教育的创新创业教育只是舍本求末、缘木求鱼。其次，创新创业教育的实施，对专业教育的改革提出了新要求。再次，高等学校应该将教育的触角从专业教育延伸至创新创业教育，实现创新创业教育与专业教育的有机融合。最后，"创新创业+"实现了创新创业教育与专业教育由"两张皮"向有机融合的转变，充实素质教育的建设内容。

第四，"创新创业+"具有较高的实践意义和价值，它适应了学生和社会多元化的需求。"创新创业+"满足学生多元化的需求，大学生是最具自主创新创业能力的社会群体，是创新型国家建设过程中最为积极活跃的因素，因此实施"创新创业+"的人才培养模式，可以发挥大学生的创新创业素质，为其就业、创业提供直接的指导服务。同时还可以缓解社会就业压力，对于构建和谐社会、促进经济增长、建设创新型国家都起到积极作用。

三、"+创新创业"与"创新创业+"

近年来，大学生创新创业教育已成为高等教育领域的热门词汇，全国各地很多高校在健全创新创业教育组织体系、完善创新创业教育基础设施、开展创新创业教育教学与课外活动、加大创新创业资金支持等方面做出了诸多努力与探索，取得了一定的成绩。但整体来看，我们对创新创业教育的内涵和本质领会还不深、不透，大多游离在"+创新创业"的层面，即在专业教育的基础上，加上一些创新创业的元素。然而，这样的创新创业教育效果并不佳。要么把技术含量低、对传统市场"经营——消费"关系进行机械式复制的生存型创业视为创新创业教育的成果；要么把创新简单理解为"科技创新"，忽略了思想创新与意识创新，认为创业是管理学科或工科应该做的事，与其他学科无关，而创新创业教育就是简单地开几门创业课，开展几场创新创业活动或者比赛，与专业教学无关，使创新创业教育游离于专业教育、知识教育之外。

而"创新创业+"是立足创新创业教育核心内涵的一种新型人才培养模式。

创新创业教育不是就业的"救命草",不是挣钱的"孵化器",也不是学生价值的"鉴别仪",其本质是一种面向全体学生的、为其终身可持续发展奠定坚实基础的素质教育,不能简单地计算学生参加了多少创新创业活动,开展了多少科学研究,从事了多少创新或创业项目,获取了多少创业资金,或以这些指标作为衡量学生发展的参照物。其核心内涵应该是以构建培养拔尖创新创业人才为指向的现代高等教育模式为目的,引导学校师生不断更新和升华教育观念,深化教育教学改革,将人才培养、科学研究、社会服务紧密结合,实现从注重知识传授向更加重视能力和素质培养的转变,强化对学生创新创业精神、创新创业意识和创新创业能力的培养,切实提高人才培养质量。这便是"创新创业+"的出发点和立足点。

第二节 我国高校创新创业人才培养业务规格

一、多元的知识结构

（一）精通本专业领域的知识

我国高校培养的创新创业人才必须能够比较系统地掌握本专业领域宽厚扎实的基础理论知识及动手实践知识,掌握工程科学原理等本专业基础知识,具有博大精深的专业知识与技能,对本专业大多数领域的相关知识有相当程度的了解。深刻理解本专业业务流程,能够洞察其深层次问题并结合具体实际情况给出相应的解决方案。善于将本专业领域与其他相关知识领域紧密联系起来,综合运用专业理论知识与实践知识解决创新创业实践中遇到的问题,排除障碍,不断实现产品创新、技术创新、理念创新和管理创新。[1]

（二）具有良好的人文修养

未来社会的创新创业人才必须能够掌握基础的人文知识、法律知识、历史知识、哲学知识、艺术知识等多元合理的知识结构,了解中国传统文化和世界文化的精髓,具有良好的人文素质修养。由于教育的专门化,加强人文素养教

---

[1]郭志辉.大学生创新创业教育研究[M].成都:电子科技大学出版社,2016.

育将在很大程度上改变各专门人才的单向倾向,使学生既有科学素养,又富有人文精神,既有专业知识储备,又有健全人格。学生会从多个不同的角度看待问题,有利于发现创新点,在创新创业的过程中取得创造性的成果。

(三)具备多语种沟通能力

高素质的创新创业型人才必须熟练掌握两门以上的外语,必须具有扎实的外语基础,掌握良好且行之有效的语言学习的方法,精通外语语音、词汇、语义等方面的知识,具备较强的听说能力和读写能力,能够熟练运用外语进行顺畅的沟通和交流,具有和他人沟通协调及进行国际交往的能力。只有具备了多语种沟通的能力,才能拥有在全球化的经济浪潮中顺利解决创新创业过程中遇到的困难与障碍的前提条件。

二、突出的实践能力

在能够熟练掌握扎实的专业理论知识和实践知识的前提下,创新创业型人才必须具备理论联系实际的能力,将理论知识及实践知识灵活应用到具体工作中去,只有在运用知识和理论的过程中,才能体现创新能力。在知识应用的过程中学以致用,独立思考发现实践问题并创造性地运用有效方式方法或途径,全方位地综合分析问题,具有排除创新创业过程中遇到的困难或障碍,并最终解决问题的能力。

三、较强的创新意识

(一)新颖的创新思维

对培养的创新创业人才的要求在创新方面体现为,针对某项特定的问题,创新创业人才必须能够打破常规思维的界限,具有独到的见解,提出与他人不同的创造性意见或解决方案,从而产生新颖独到的思维成果。

(二)敏锐的创业意识

创业意识是创新创业人才从事创新创业活动的强大主观内驱力,是创业活动中起动力作用的个性因素。创业意识包括宏观且敏锐的商机意识、将商机转化为现实生产力的意识、创业的战略意识、规避风险的意识和敬业意识等。创业意识的要素包括不满于现状的创业需要、追求成功的创业动机、浓厚的创业兴趣和一定时间内稳定的创业理想等。

（三）熟练的创新技能

创新创业人才必须是具有一定创新性的技能型人才，必须具有综合运用理论知识，在科学技术、管理等各种实践活动领域中不断提供具有经济价值和社会价值的新思想、新理论、新方法和新发明的创新技能。创新创业人才必须具有强烈的创新欲望和较强的创新能力、博专结合的专业理论知识和精湛的专业技能。

（四）灵敏的商业经营意识

高校培养的创新创业人才必须具有足够的市场敏锐度及强烈的创新创业意识，具备宏观地审视经济环境的能力，能够洞察未来一段时间内市场形势的走向，将好的创新意识在适当的创业时间中孵化出商机来保证企业的持续发展并驱动经济社会发展。创新创业人才必须掌握审时度势、灵活机动的商业经营谋略，掌握商业营销的基本理论与原则，能够从宏观的角度权衡各种商业经营模式的利弊，具有诚实守信的商业经营作风。

四、较快的适应社会能力

（一）社会责任感

社会责任感是每个公民都必须具备的基本道德品质。对于能够在经济全球化浪潮中生存并发展的高校创新创业人才来说，具有服务于国家和人民的至高无上的社会责任感显得尤为重要。社会责任感包括自我责任感、家庭责任感、他人责任感和集体责任感。作为未来社会中坚力量的高校创新创业人才，更应具备强烈的社会责任感，对待工作始终保持专业的态度，具有保护环境、保护国家财产安全的意识，在大是大非面前不被金钱或利益所迷惑，始终将对国家和社会的责任感铭记于心。

（二）团队协作精神

在创新创业的过程中，不可能所有的工作都由一个人来完成，而是需要团队齐心协力共同合作。未来经济社会对高校创新创业人才的团队协作精神提出了更高的要求，培养高校创新创业人才的团队精神是适应社会经济发展的需要。尊重团队中每个人的兴趣和成就是团队协作精神的基础，所有成员齐心协同协作是团队协作精神的核心，全体成员的向心力与凝聚力是团队协作精神的最高境界,团队协作精神反映的是个体利益和整体利益的统一。团队中每个人都应该意识到协作精神的重要性,并且具备协调团队内部各个成员关系的沟通协调能力。只有团队的每个成员都具备团队协作精神,才能保证组织的高效率运转。

(三)终身学习的能力

随着我国高等教育大众化中后期进程的不断推进,高校创新创业人才的学习时限也必然从单纯的学校教育扩展为终身学习。高校创新创业人才应具有随时随地主动学习的意识,并具有利用书籍、网络等工具学习知识的能力,善于与他人交流学习经验。只有具备终身学习的能力,才能跟上日新月异的知识更新速度,适应未来经济社会的需要。终身学习能力是构建学习化社会的基石,有助于提高社会成员的整体素质,为促进学习型社会的形成提供强有力的人才支持。政府应支持指导终身学习公共服务平台的构建,来为创新创业人才提供资源整合的学习支持服务系统。

(四)适应环境的能力

面对变幻莫测的经济环境和激烈的市场竞争,以及随时出现的需要正确迅速解决的问题和困难,高校创新创业人才需要有比普通人更强的适应环境的能力,要有更强的心理调控能力,能够保持积极而沉稳的心态。创新创业之路充满艰辛与曲折,只有具有适应环境的能力,在创新创业的道路上才会更容易成功。否则,一遇到挫折就垂头丧气、一蹶不振,在创新创业道路上只能半途而废。

第三节　我国高校创新创业人才培养模式

一、我国高校创新创业人才培养目标体系

确定高校创新创业人才培养的模式,应根据高校的不同类型,学生的不同特点和需求,创业实践和创业环境的不同特点,设定系统化的创新创业人才培养目标,并将人才培养模式依据目标和方向不同,分为横向目标体系、纵向目标体系和多重目标体系,对目标进行进步的考量,最终建构起适应高校创新创业人才培养的目标体系。

横向目标体系,是指依据特定的指向作为大学创新创业人才培养的目标。一般情况下,可以将其分为创业能力目标、知识目标、人格目标等。创业能力目标体现在创业涉及的活动效率上,员工的能力往往决定了企业的活动效率,能力是创业是否成功的主要保证。任何成功的创业都和其专业的经济管理知识无法分离开来。知识是创业的基础,是人才能力培养的基本保证。而员工是否具有适合企业发展的人格,对企业而言十分关键,因此,对企业员工人格目标的掌握,可以有效调节企业员工的工作动机。①

纵向目标体系,是指以培养高校创业人才的实现能力作为主要发展目标。一般情况下,可以将其划分为理解创业行为、掌握创业能力、实施创业能力。要使学生理解创业行为,对学生进行理解培养是十分必要的,如果学生无法理解创业,无论其是否具有创业能力,也无法实现创业。应使学生掌握创业能力,明了创业的内在规律、涉及的法律问题、风险论证等,使学生在未来能更好地理性规划其职业生涯,只有这样,才能使学生在特定的环境下具有实施创业的能力。

多重目标体系。高校创新创业人才培养并不是一个完全独立的教学项目,由于各高校体制与专业设置的不同,因此,应从高校自身发展需求出发,结合本校学生特点,发挥专业设置优势,构建多重创业教育目标体系,在满足学生发展需求的同时,体现新时期高校创新创业教育的普惠性,搭建学生能力快速转换桥梁,培养学生各项创业能力。

二、转变教育观念

(一)变"适应性教育"为"创造性教育"

海阔凭鱼跃,天高任鸟飞。长期以来传统教育思想扼杀了学生的创造性,不敢挑战,不敢表现个性。直至今天部分高校仍未能树立正确的创新创业教育观,没有予以充分重视和深度认识,不能发挥创新创业教育应起的作用。高校肩负着时代赋予教育的使命,需要将创新创业教育的重要性提高到等同专业文化教育的高度。教育正经历着一场缓慢而深刻的革命。笔者认为应给学

①侯东东."新工科"背景下大学生创新创业教育及其支持体系的理论探讨与研究[M].成都:电子科技大学出版社,2019.

生一个广阔的平台,引导学生转变思想观念。具体操作形式不仅仅在课堂,还要在课堂之外,开发"第二课堂",也可以将国家政策性的大学生自主创业工作看作必修课,可以根据学校的办学水平、层次自主进行选择,要用创新创业教育思想来指导教学育人的全过程。

(二)借鉴外地先进经验,取长补短

他山之石,可以攻玉。在国外很多国家都相继开设了创新创业教育,在国内很多省市高等院校发展得也很迅速,拥有相对完善的课程,正在国际教育发展大趋势下乘风破浪式前进。在国外教育课程中,通常以现实创业环境状况为教学切入点,以创业演练体验式教学为重要形式,经过模拟或实践,帮助学生理解创新意识、创业规律,激发创造的热情。有条件的院校还会让有志于创新创业的学生初试牛刀,在创新创业的过程中尝尽酸甜苦辣,这种崭新的教育模式,使同学们找到了最适合自己的创业方向。有的还拥有较为完备的配套服务设施,创新创业教育研究和实践体系构建已趋成熟,内容很充实,经验极其丰富,并取得了举世瞩目的成绩,值得学习借鉴。

(三)完善人才综合素质评价体系

现有的高等教育"重传授轻参与""重课堂轻现场",考核评价内容也是"重知识的记忆轻能力的掌握",难以有效推动学生综合素质的提高。从人才培养模式的角度评价,教育质量要跟职业技术岗位挂钩或同步配套,会给操作上造成一定的难度。在追求学科的完整性、逻辑性基础上,满足实际需要的前提下,科学判断,对教育对象进行价值判断,直接体现了人才培养规格和人才质量的价值评判。创新创业教育质量亟须尽快实施,作为素质教育核心的内容,创新创业教育必须纳入人才综合素质评价体系之中来。教育部有关文件中也有明确要求,提出了重要评价指标,把创新创业教育教学质量、创业质量等列入标准,所以以创新创业教育为重点的人才综合素质评价体系必然要得到加强,势必将进一步完善。

三、深化高校教育体系改革

(一)重视师资队伍建设

要培养学生的创新创业意识和能力,首先要求教师能够引导,分类施教,能够以教授创新创业知识为基础,以锻炼创新创业能力为关键,以培养创新创业精神为核心,通过开设创新创业技术选修课、模拟实践过程的活动课、展示创业业绩的环境课,创设体验式教学情境等,使学生能够掌握基本流程和方法,了解相关法律法规政策,激发创新创业的热情,提高学生的社会责任感。如果没有一支既有创新创业理论知识又有创新创业实践能力的教师科研队伍,那么,学生就不能正确而全面地接收到创新创业知识与理论的系统教育,在以后创新创业实践过程中肯定会失败。因此,培养一支科研型、实践型创新创业教育师资队伍迫在眉睫。

对师资的重视也要加大投资,既可聘请企业家、企业中高层管理人员来校做兼职教师,也可以聘请创业典型人物、成功校友来校讲座,形成相对稳定的、专兼结合的师资队伍,才能使创新创业教育更贴近社会和大学生实际。为此,创新创业教育的师资建设应建立广泛的渠道、采取灵活的方式、全方位地开展,在企业一线、在活动实践中增强经验。还可以借鉴别国的做法,聘请教师,让师资力量约60%的教师为具有高等教育背景的小企业家,因为他们不仅具有扎实的理论基础,而且更重要的是他们有丰富的创业实践经验,用这些企业家作为兼职教师指导学生进行创新创业实践就不再是纸上谈兵,其操作性更强,指导学生创业成功的概率也就更高。

1.创新创业教育师资队伍的来源

一要从培养、培训入手。首先,要加强教师的理论知识培训,邀请校外名师、专家以及企业管理人员对教师进行理论素养的培训;其次,要利用各种平台和组织、参加各类创新创业研讨会的机会组织教师学习,加强交流,获得最新的创新创业知识和内容;再次,积极创造条件组织教师到企业挂职锻炼,获得创新创业与管理的真正体验,增强教师的实践能力,丰富其教学内容、提高其教学效果和说服力,有条件的高校可以拨付经费组织教师真正"走出去",到欧美发达国家和高校学习先进的经验;最后,随着创新创业教育的发展,逐步建立起创新创业学科,设立硕士博士点,自我培养孵化创新创业教育教师。

二要从招聘引进入手。首先,教师招聘要严把入口关,改善师资结构,此举可以有效降低成本;其次,高校应当从企业吸收既有一定学术背景有有丰富实践经验的企业家到校任客座教授或兼职教学,改善校内教师队伍结构,带动校内教师水平和能力的提升,此举能有效提高学生学习的兴趣,开拓学生的眼界;最后,除了成功的企业家,师资队伍还应该邀请政府人员、风险投资家、法律人士来校做兼职教师,让学生获得有针对性的指导。这些做法是动态的,开放的,应该在高校创新创业管理机构组织协调下统一开展并形成长效机制。

2.创新创业教育师资队伍的组成

师资队伍组织构成上既要有专职队伍又要有兼职队伍;专职队伍重点负责基础教学和实践管理工作,对创新创业教育活动进行统一规划和组织管理;兼职队伍重点解决实践教学的难题,同时帮助学生联系实践学习的基地。

3.创新创业教育师资队伍的水平

高校的创新创业师资队伍应当有层次化和多元化的特点。除了专兼职教师之外,要加大"双师型"教师的培养,强调教师的综合素质,既要重视理论水平也要重视实践教学,避免出现两极分化过度现象的出现。多元化一方面体现在教师来源和擅长领域的多元化,另一方面要正确看待教师自身水平的多元化,要形成教师梯队,以老带新,鼓励新人,培养新人,为其提供快步成长的环境。

(二)营造良好文化氛围

文化的影响是深远的,榜样的力量是无穷的。利用一切宣传手段,在各个环节,课堂上、课堂外、校园里、家庭里都充满创新创业教育的思想火花,深入人心,在学术上、实践中都能融入创新创业精神,达到全面的教育目标。此外,还可以树立勇于创新创业的榜样,通过大赛奖励支持有志于创新创业并取得成功的学生,使学生形成崇尚的目标,鼓励个性张扬,保护突破性的创造行为,这样敢于创新创业的氛围才能逐渐形成。

还要多参与其他组织的合作交流,共同探讨,发挥各自的优势,积极营造创新创业文化氛围,只有这样才能具备社会竞争和生存能力,毕业后才能为寻岗就业和创新创业奠定良好基础。

四、搭建实践教学平台

教育必须服务于社会,这是我们力行的学以致用的问题。实践教学是实践能力培养的重要环节。大学生要想造福于社会,必先走上社会。构建创新创业实践教学体系,搭建多样化的实践教学平台,让每个学生都能实际动手,学以致用,具备独立思考和判断的能力。另外借助校外第二课堂,加强校企合作,拓展校外实训基地,还可以利用假期参加社会实践等。可通过直接真实的企业环境,体会到其中的乐趣与艰辛,锻炼了学生的应用能力、社会实践能力、创新能力,也增强了对创新创业的信心和决心。

所以,创新创业教育实践教学环节不能仅停留在课堂上,或举办几场讲座、培训上,要加强实践教学环节,推进实施体验式教学,强化校企合作,切实加强创业实践基地建设和成果孵化基地建设,创建大学生创新创业实践基地,让学生边学习、边实践、边创业,通过校企联合的模式,广泛搭建学生实习、实训、创业和就业的综合服务平台,让学生走进社会,全面达到应用型创新人才培养渠道之贯通的状态,这才是提高创新创业教育实效的必由之路。

创新创业教育实践的形式可以多样。第一,高校可以加强与校外企业的联系,在专业对口企业建立大学生创新创业实践基地,走校企联合道路。利用寒暑假组织学生在企业从事1~2个月的实践活动,真正感受企业文化,参与企业管理和实践,得到真正的锻炼,同时也能为企业带来新鲜的活力,实现一举两得的功效。比较成功的做法是"暑期实习生"的模式,组织大三学生进入企业开展实践活动,培养创新创业精神和能力。第二,学校可以利用自身的优势,创建企业实体,当前已有众多高校有自己的校办企业,在实体中可以为学生提供创业实战的场所和氛围。第三,有条件的高校,可以充分发挥大学生科技园的作用,发挥好科技园的孵化功能,将老师或者学生的项目想法在科技园孵化,并派驻老师进行指导,切实让学生在项目中成长。第四,加强专业课的实践教学。课程学习之中可以组织学生进入实验室,参加创新项目,参与各类创新比赛,增强创新意识和动手能力。第五,高校可结合学校特点,设立勤工助学岗,遵循"双向收益、互惠互利"的原则,让学生参与经营,锻炼创业能力;还可以提供机会,让学生亲自参与公共活动的组织与策划、法律或者金融实践的模拟等活动。第六,重视并积极组织谋划大学生创业计划大赛。国外众多的名企都是来自大学生创业计划大赛,印度管理学院就经常组织国际性的创业计划书大赛,这是一种行之有效的教育方法,在计划书撰写过程中,能充分锻炼学生的思维能力、团队意识、竞争意识、大局观和综合运用各种手段查阅资料、获取各类信息的能力;在创业大赛的过程中,还能形成校友信息网络连接,建立校企合作网络,让学生近距离接触企业家,让创业不再神秘。第七,当创新创业实践教育体系不断完善之后,可以探讨学制的变化,在学制之内让每位学生都加入企业实训计划。现在美国已有高校将大学生的学制延长为五年。

五、我国高校创新创业人才培养课程设置

实施创新创业人才培养,课程设置是关键,因为它直接关系到培养什么样的人,关系到怎样组成学生合理的知识结构。在我国,由于创新创业人才培养还处于试点阶段,创新创业人才培养课程体系还处于探索期,仅有的少数已开发出来课程教材的成熟度偏低。部分院校多以选修课的形式开设了"创业管理""商业计划书""企业家精神"及"科技创业"等少数课程,显得有些支离破碎。在这有限的课程中。不难发现,我国创新创业人才培养课程体系偏重理论性,其作用重在培养学生的创业意识,实用性低,对学生创业实践技能和能力的提升并没有多大价值。这主要是因为我国创新创业人才培养实践活动尚处于起步阶段,创新创业人才培养课程的研究开发力量比较薄弱。创新创业人才培养是专业教育的重要组成部分,它对所有专业必然具有一定的普适性,同时,由于高校人才培养目标定位不同、学科及专业特点不同,决定了创新创业人才培养必须适合专业特点的特殊性,这就构成了创新创业课程开设的难点。我们设想,将那些符合所有专业且具有普适性的课程列入创新创业人才培养课程基础平台,再在这个平台上,根据各专业特点,开设结合各学科专业特点的创新创业课程,前者具有普适性,可以共同开发,后者具有特殊性,可由专业人员开发。

(一)创新创业人才培养课程设置原则

大学的创新创业人才培养应以第一课堂课程教学为载体,融合专业教育,着力培养学生的科学精神与人文素质,以及未来创新创业所需的心理品质、知识和能力等。创新创业人才培养的课程设置要从其培养目标出发,遵循的原则有:首先,突出专业特色,创新创业人才培养课程的设置要与专业课程体系有机融合;其次,理论联系实际,创新创业实践活动要与专业实践教学有效衔接;最后,专业教育与创新创业人才培养相结合,在专业教育实际教学中渗透创新创业思想。

1.与传统教育体系相结合

传统教育体系主要分为普通教育和职业教育两类,普通教育往往致力于培养德、智、体、美、劳全面发展,而且生理、心理、社会文化素质整体都有所提高的合格的社会公民;而职业教育是在前者的基础上,更注重培养职业技能、素质,主要是为社会、经济发展提供专门人才。随着教育多年的发展,使这两类教育体系逐渐趋向于独立、完整。而且,在办学、教学方式等方面也具有一定特色,在整个教育、社会系统中获得了比较稳固、独立的地位。传统教育体系中所包含的某些不自觉的、处于零散、间断、偶然状态的创新创业教育的因素。同时,也有某些相关实践措施,但仍然处于缺乏明确指向、固定目标的状态。

创新创业教育是一种新的教育理念,它是在传统教育体系的基础上,培养创业素质和本领,为社会发展提供具有创新意识、开拓精神和创业能力的社会财富、就业岗位的创造者,它们与传统教育体系之间相互渗透又相对独立,在这种情况下,在对创新创业教育体系框架进行设计时,必须首先或单独进行,结合普通教育、职业教育领域,并且充分利用普通教育所提供的一般知识结构、智力、能力,以此来作为创新创业教育的培养基础——培养创业社会知识结构、创业能力、技能的基础;加上普通教育所提供的健康个性、道德规范可以作为一种生长基因——培养开创个性、社会责任感和义务感、开拓精神的生长基因;除此之外,还可以利用职业教育所提供的职业知识、职业规范、职业技能作为创新创业教育的一种基本条件和发展背景。此外,创新创业教育的目标、内容有自己独特的层级体系——逐步递进、逐级上升,以适应不同年龄段、教育阶段学生的要求。利用学校现有途径、方式,并结合普通教育和职业教育的内容与方式,逐步实施。

2.创新性与实践性相结合

创新是民族进步的灵魂,也是国家兴旺发达的不竭动力。国家要走向富强,那么大批具有开拓创新精神的高素质人才是必不可少的。在这样的大环境下,高校提倡开拓与创新,强调创新办学的理念,实施创新教育,注重知识创新,培养创新人才,并对学校管理、功能、教学、科研等方面进行创新。创新创业教育是一种大众教育,它的创新性重点主要体现在教育模式、教师教学方式以及学生学习方式的创新这三种创新上,要求培养具备开拓性、独创性、发散性思维和批判性思维的学生,这就要求必须根据其培养目标来选择、组合和构建教育体系的元素、结构和系统,此外,除注重创新性外,实践性也是很重要的。创新创业教育体系与传统教育体系有很大区别,相较之下,它更着重培养学生的创新创业意识、创业能力、个人素质、创新思维等的教育实践活动。同时,它也是素质教育的深入与发展,这是一项十分艰苦的创造性活动,因而,要取得成功,创新创业主体就必须具备很强的实践能力。教学中的实践性主要通过教学活动与现实生活之间的密切联系来实现的,培养学生的动手、交际、分析、心理承受能力等综合能力。

3.一致性与差异性相结合

高等教育的基本任务就是培养具有创新精神、实践能力的高级专门人才。高校实施创新创业教育有一个基础——创新教育,并且以创业教育为载体,将两者结合起来作为整体来推进,更重要的是,要针对全体的学生进行设计、实施,全面提升全校学生的创造意识、创造精神、创造思维、创造知识以及创造能力。因此,创新创业教育并不是一项临时性任务或活动,而是一种人才培养手段,是与高校专业培养目标一致的手段。

不同偏重面的各高校,在体系设计上也有所不同。一方面,不同的高校所处地域不同,因而所具备的社会环境也会有所不同。当然,高校的创新创业资源条件也会有很大的差别,这就使得高校在对学生进行创新创业指导时,在培养和实践方面所采取的方式、目标内容的设定等都不尽相同。另一方面,不同类型的高校,在人才培养规格的定位上有所不同,同时,根据不同专业、个体的不同需求与定位也会对此分别实施不同类型的创新创业教育,主要是结合专业性、普及性,设定不同的创新创业教育目标,选择合适的创新创业项目内容,定位合适的创新创业层次,不可以不加选择地效仿。

4.主体性与互动性相结合

作为培育人才的系统,创新创业教育体系设计的第三个原则是要将主体性和互动性相结合。创新创业教育的参与主体主要是教师和学生,而高校所会集的高水平专家学者、教授以及研究生,使其拥有大量可以身兼教学与科研的复合型人才。努力让学生成为能够适应社会发展的有用人才,是学校培养学生的目的,因而,教育体系必须要尊重并注重不断完善学生的人格,包括稳定的心理素质和高尚的道德品质,鼓励他们发扬自己的个性,贯彻以人为本的教学理念。

此外,通过建立各种互动性的内容、活动方式来加强教师与学生之间的沟通、理解以及学生之间的协作与交流。利用多方位的人际互动的环境和相对平等的学习关系来启发、引导学生的创新创业思维。创新创业教育常被理解为"培养企业家"的教育、"解决就业问题"的教育。这两种观念会导致创新创业教育成为面向个别学生的树典型式的教育以及在创新创业教育上的急功近利行为,偏离了高校实施创新创业教育的初衷。

(二)创新创业人才培养课程设置

目前,高校学生的知识结构和专业技能主要是通过专业教育获得的,学生的知识结构和专业技能基本决定了其就业和创业方向,尤其是创业初期的发展方向。因此,创新创业人才培养想要落到实处,就必须融入专业教育中,使专业理论知识的学习、运用与创新创业活动相结合,创建特色鲜明的课程体系,构建专业学习和实践能力相结合的桥梁,有的放矢地培养具备创新意识、创业精神和创业能力的专业人才。

当前高校创新创业人才培养应以培养创新创业意识,提高创新创业能力,增加创新创业人才培养实践为主线,其课程由创新创业人才培养课程基础平台、创新创业人才培养课程能力平台、创新创业人才培养课程实践平台三大平台课程组成,创新创业人才培养课程能力平台和创新创业人才培养课程实践平台可根据专业课程情况逐步实现与专业教育课程的融合,每个学生都应该学习。各个学校应在创新创业人才培养课程基础平台上,根据学校特色,结合专业学科特点,适当分别加入符合专业特点的创新创业能力类课程和创新创业实践类课程,开发适合本校学生的创新创业人才培养课程,实现专业教育与创新创业人才培养的融合。创新创业能力类课程和创新创业实践类课程是专业教育的深化和延伸,高校的创新创业人才培养强调以专业教育为基点,发挥专业优势,尤其是专业前沿的优势,满足创新创业的需要,使学生在专业教育的基础上,根据其兴趣、需要和能力,提高创新创业能力。

1.创新创业人才培养课程基础平台

创新创业人才培养课程基础平台旨在培养所有学生的创新意识和创业精神,使学生在短时间内集中、系统地学习创新创业知识,对与创新创业相关的学术理论知识有更深的领悟,树立正确的就业观,为以后更进一步从事创新创业实践和研究工作打下扎实而坚固的基础。这一课程平台是全校性的、跨专业的课程,可以以公共必修课、公共选修课或者素质拓展课的形式开展。创新创业人才培养课程基础平台包括创新创业意识类课程和创新创业知识类课程。创新创业意识类课程重在培养学生的创新意识和创新精神,促进学生创业心理品质的形成。创新创业知识类课程重在丰富学生的创新创业知识,对创新创业活动有初步的认知。

2.创新创业人才培养课程能力平台

创新创业能力类课程是一类和专业教育紧密融合的课程,是将创新创业知识渗透结合到各专业的课程教学中,通过在专业课程教学内容中适当地增加创新创业元素,优化课程结构和内容,培养学生基于专业知识的创新创业能力。这类课程在现有专业中开设可能有很大难度,甚至是一种挑战,但是没有与专业相融合的创新创业人才培养课程,创新创业人才培养就很难深入进行,甚至只是纸上谈兵。尽管在当前高校的各学科专业教育中还缺乏这一类的教育资源(教师、教材等),但是融合的意识要有,融合的行为要逐渐发生,作为一种理想化的设想,我们希望在专业课程体系中增加专业市场调研、基于专业特点的创新创业能力训练、专业典型创新创业案例分析、专业领域前沿问题的创新性研讨等课程。具体途径设想如下。其一,增加专业领域的职业发展研究与教育内容。大学的专业教育一般都有相对应的职业领域,但学生了解不多,对就业前景迷茫,创业更无目标。增加该方面知识,可增加学生对未来职业的设想空间、明确创业目标,增加课程学习的目的性以及对未来的知识储备和心理准备。其二,增加专业领域的科研与技术开发分量。目前在本科阶段,学生很少参与教师的科研,应该改变这一习惯,让学生在适当时机介入科研或者开发,尽管大多数学生的水平对教师的科研起不到多大的帮助,但学生通过参与科研活动,体验科研过程,增加工程体验,对提高学生的工程意识、工程实践能力都有很大帮助,为今后的技术创新、技术创业打下良好的基础。特别是技术开发、小制作,这是点燃学生创造意识的火花,提高创新能力的工具,只要适当组织、引导,一定会有好效果。其三,提高专业领域的创新创业案例教学。案例教学在发达国家的大学教学计划中占有重要比重,哈佛大学的经济类专业面向世界收集案例,以增加学生的相关知识和开阔学生的视野。案例教学最直接的作用是把学生带进了社会职业拼搏的现实中,通过剖析别人的成功和失败,改变自己的认识和经验,并产生一种对自己职业的现实感,是通过课程增加创新创业经验的好机会,而对这些经验、教训的理解和认识,可以从理性上提升学生的创新创业意识甚至能力。上述课程可以穿插于专业课程中,也可以独立开设专门课程,关键是如何把这些零散于社会、行业甚至是生活中的素材变为适合学生的素材,这是当前创新创业人才培养课程建设的一个难题,需要学校、专业教师以及课程工作者的共同努力。

3.创新创业人才培养课程实践平台

创新创业实践操作类课程是指在专业实践环节融入创新创业活动的实践课程。创新创业实践活动与专业实践教学的有效衔接为创新创业型人才的深入培养提供了路径。它强调以学生的专业知识、社会需要和问题为核心,以有效地培养和发展学生综合实践能力为目的,强调超越教材、课堂和学校的局限,在活动空间上向自然环境、学生的生活领域和社会活动领域延伸,密切学生与自然、与社会、与生活的联系。首先,改革教学方法,建立以课题和问题为核心的实践教学模式。为了提高学生的动手能力和创新能力,学校要改变传统的课堂讲授教学方式,选用案例式、模拟式、互动式和实训式的教学方法,变"教学"为"导学",进行探究式教学、沟通合作式教学,将科学研究思维训练和科学研究方法训练融入实验教学中,引导学生主动学习,激发学生的主动性和创造性。教师要面向企业和社会积极承担行业课题,激发学生参加科研项目和技术开发工作的积极性。其次,学校应积极组织开展学科专业竞赛,并有意识地与创新创业人才培养相结合,突出竞赛活动的创新性、创造性和工程实用性。再次,结合专业特色建设大学生实训模拟基地,积极开展各种创新创业实践活动。利用学校原有的教学实习基地,依托大学科技园,充分发挥大学科技园孵化器功能及其支撑和服务体系,设立产学研合作专项资金,专门支持高校、企业和科研院所共建创新研发中心、开展技术合作。最后,高校应结合本校的专业教育资源尽可能地开设模拟创新创业项目,鼓励学生积极参与,提高学生的实践能力、科研创新能力,让学生提供具体的创业策划方案,指导学生开展创业实践,体验创业过程,提升学生的创新创业能力。

4.创新创业人才培养课程时间安排

创新创业人才培养应贯穿于大学生的整个教学计划中,融入人才培养的全过程。创新创业人才培养基础平台课程应该在大学一、二年级开设,意识是行动的先导,对刚入学的大学生来说,他们的创新意识、创业精神比较淡薄,对未来的职业发展没有清晰的规划,这一阶段,要加强对学生的创新意识和创业精神的培养,建立职业生涯规划意识,树立职业理想,有针对性地规划大学期间的学习、生活、工作。创新创业能力课程和创新创业实践课程应在大三、大四开设。首先,学生经过专业知识的学习,才能明确创业方向,才能有的放矢地进行创新创业实践活动。其次,厚实的综合人文素质是提高创新精神和创业能力的前提,大三、大四的学生在经过大一、大二的基础课程学习以后,具备了一定的社会、人文和自然科学知识,加强了人文修养和科学精神的训练,在知识储备上有了一定的准备。最后,学生通过两年的大学生活,生理和心理大大成熟,对自己的职业选择、人生规划有了更加清晰的把握,对探讨、分析较为复杂的创业问题会更有深度。

六、建立高校创新创业教育评价反馈机制

有人说过,没有最终的评价,就没有最初的激情,中途的毅力很有可能不堪一击。由于创新创业教育具有成本高、实践性强、成效滞后等特点,所以其评价反馈机制要力求科学多元,既要提高高校的积极性,给出合理准确的判断,又要避免过度的形式上的评价。

创新创业教育工程巨大,涉及方方面面,所以评价的内容、方法和标准应当多元。卡尔·威斯帕(Karl Vesper)教授在多年的研究基础上提出了进行评价的七个要素:提供的课程、教师发表的论文和著作对社会的影响力、毕业校友的成就、创业教育项目自身的创新、校友创建新企业的情况,外部学术联系(包括举办的创业领域的会议和出版的学术期刊)。

第一,国家应当根据高校的类型制定科学合理的评价机制。首先,不同的高校,比如重点与非重点、职业学校与非职业学校、综合性与专科性高校应当建立不同的评价机制。其次,评价机制中的专家学者要兼具资深的理论与丰富的实践,时机成熟,可以建立评价资格认可制度。最后,有了评价就要有激励处罚措施,在资金、政策和教师晋升上给予优惠条款,这样能充分提高高校的创新创业教育动力。

第二,高校也要根据自身特点建立评价机制。评价要力求过程与结果相结合,定量与定性相结合,静态与动态相结合。评价的内容不仅要关注外显的知识掌握,也要强调学生的品德、情感和意志的评价。评价的结果要及时反馈,以便引入竞争意识,促使各方有针对性地提高创新创业教育的水平。

七、构建全社会支撑体系

(一)引导积极正确的创新创业舆论

思想是行动的先导。我国传统儒家文化导致的传统守旧意识、"重农抑商"和"学而优则仕"等传统思想,严重影响了社会对大学生创新创业教育的认识。长期处于这种教育环境下的大学生,因受传统文化的深入影响,表现出信心不足,主动性、独立性和进取精神差,缺乏强烈的创新意识和创业欲望。我们首先应该转变过去教育观念的认识,树立积极正确的创新创业舆论,全社会应当对创新创业教育予以必要的尊重和支持。

(二)创造良好的创新创业环境氛围

"蓬生麻中,不扶自直",有什么样的环境氛围,就会培养出什么样的人才质量。创新创业教育的成功不仅取决于个人的努力,更需要营造浓厚良好的氛围。应由高校牵头,以国家为主导,省级主管部门要积极协调配合,为大学生自主创新创业提供新的支撑平台。教育部部长袁贵仁也指出,力争在政策、程序方面为大学生提供方便,积极开发利用各种资源,用以扶持大学生创业。只有将切实有效的政策支持和良好的创业环境相结合,才能使大学生创新创业教育活动有效展开并取得成功。建立相应的工作机构和服务体系,组合经验丰富的教师、企业家、政府有关部门共同开展解读、咨询、协调和各种相关服务,为有创新创业潜力的大学生建立起社会化的创新创业教育的良好大环境。

(三)动员全社会创建各种支援体系

创新创业教育支援体系内容丰富,结构庞大,涉及很多的利益相关者,不要只看到创新创业活动存在的风险性和艰巨性,还要认识到它的利益性和战略性,需要方方面面共同努力来构建,比如家庭、社会、媒体、政府、学校和企业支持等,还包括他们的建议、咨询和指导、人力、物力、资金支持等,这些都会影响到大学生创新创业的水平。而社会的普遍认可、政府的提倡、非政府组织的参与、企业的接纳、学校的积极行动都能带来一个良好的创新创业教育环境,为创新创业教育搭建一个很好的平台。因此创新创业教育不能只是学校的课堂教学和活动,而应把整个社会环境都包括进来。在美国,创新创业教育支援主体涉及"民、官、学",并不是单以政府为主,而是得到全社会的支持。我们应利用人际网络发挥其重要作用,如与商业界朋友的联系,既可以获得资金的支持,还能为大学生实习提供场所;与有创办企业经验和有资金实力的朋友联系,会降低创业风险,增加新创企业的存活率。所以高校除了内部努力开展创新创业教育整合校内资源外,还应建立政府、高校和社会之间的有效沟通协作机制,大力开发社会扶持力量,加强与兄弟院校的交流合作,构建大学生创新创业人才培养体系,使更多的学生成为创新创业人才培养的受益者。

第五章 创新创业背景下高校人才培养模式课程体系构建

第一节 高校设置创新创业教育课程的目标

随着经济的发展和社会的不断进步,人们的综合素质得到极大的提升,开展创新创业教育应逐步纳入高校课程体系之中,创新创业教育的目标应根据市场的需要而确定。首先要确立创新创业教育的基本原则,建立创新创业教育课程的完整体系,同时中国也要选择创新创业教育课程的内容,完善教学方法的选择机制。目前,中国创新创业教育向内涵式发展,通过课堂教育和实践教育为手段来表现,创新创业教育就是要培养具备创业技能、创新精神的复合型人才。高等院校开设的创新创业课程应当具备完善的教学体系,不能简单等同于培训机构所开设的技能培训课程。高等院校开设的创新创业教育课程除了传授技能,更应注重培养学生的创业意识和创新精神。因此,高等院校开设创新创业教育的目标应包括以下两个方面。[①]

第一个方面是强化创业意识,提高创业技能,丰富自己的创业知识。创业基本素质对大学生的心理素质、业务能力、创业精神等都有很高的要求。通过创新创业教育,培养学生的创业能力和创业意识,让学生清楚地认识到中国的就业形势非常严峻,在就业压力巨大的现实情况下,开展创业素质教育,是顺应形势发展的需要。熟悉中国面临的就业新情况,把握发展机遇,动员更多的大学生投身于创业事业之中,为社会创造更多的财富。培养学生大胆创新的精神,能在创新创业教育中找到创业的商机。总之,通过创新创业教育,有利于培养学生的创业意识和创业精神,有利于建立良好的创业氛围,使学生真正从创业中找到乐趣,有利于学生创业观念的转变,使学生真正将创业作为自己

[①]万长云,张雪青.层级式创业教育与大学生就业[M].北京:冶金工业出版社,2019.

的一项事业。中国的大学生应该抓住改革所创造的机遇和有利条件,树立自己的创业目标,了解中国面临的发展机遇,投身创业。总之,通过创新创业教育,形成一个强大的创业氛围,使学生真正感受到创业的必要性和紧迫性,转变就业观念,树立创新意识,抓住改革所创造的机遇,积极创业。

第二个方面是对少数具有创新潜能的学生进行专门培养,使他们具有吃苦耐劳的精神,培养他们的创业勇气,使其人格品质、业务能力和创业技能得到提升和完善。对这部分群体进行创新创业教育,主要是对他们进行决策能力、规划能力、应变能力、抽象思维能力、管理创新能力的培养,注重锻炼他们创业中所必需的沟通技能、团队合作精神,使他们能够真正在创业中拥有融资、领导和企业家的精神,能够合理解决企业在资金运转过程中所遇到的困难,从容应对突发事件,取得团队成员的信任。创新创业教育目标的实现不是一朝一夕的事情,而是一个相对复杂的过程,这个过程必须通过实践来完成,在完成的过程中发现问题、分析问题、解决问题,最终促进创业目标的实现。

一、高校创新创业教育的共性目标

创业基本素质的培养是中国所有学校创新创业教育的共性目标。创业基本素质包含两个层面的含义,一是指先天因素,即通常所说的创业天赋,这是先天的遗传素质,也是创业的基础。二是身处社会环境中,通过后天的引导和影响而形成的创业相关素质。以上两个层面的创业基本素质在创业过程中都会表现出相对稳定的特征。为更清楚地认识中国高校创新创业教育的共性目标,本书从创业意识、创业知识、创业能力、创业品质4个方面进行阐述。

(一)创业意识

创业意识在整个创业过程中扮演了十分重要的角色,是创业者在创业过程中所有社会属性的集中体现。可以将其定义为创业者进行创业活动的一种心理素质,主要在创业活动前期起作用,其中包括的具体内容有创业的基本动机、创业机遇的把握、创业行业的准确分析及成为企业家或管理者的潜在素质,如价值观或创业信息等。

(二)创业知识

创业知识是一个总称,是指创业者在创业活动中所必备的各种知识和能力的总称,如企业管理知识、营销策划活动、金融的相关知识及相关法律法规的知识等。创业知识在创业活动中的重要作用是不可替代的,只有掌握了足够的创业知识后才能拓宽创业者的创业思维,从而影响创业方式,因此创业知识是决定创业成败的关键因素。

(三)创业能力

创业能力与创业意识是两个不同层面的内容,创业能力着重强调后天因素,是指创业者通过学习和实践活动所掌握的影响创业活动效率的各种因素的总和,只有具备相应的创业能力,创业者的创业活动才能成功地开展。创业者的决策能力、团队合作能力、领导和人际交往能力及对市场商机的把握能力都属于创业能力。

(四)创业品质

创业品质是指创业者个人道德品质在创业活动中的具体体现。良好的创业品质是创业活动得以长久开展的重要保证,它能够很好地引导创业活动在国家的法律法规允许的范围内进行。创业品质同时也是社会公认度高和社会责任感强的创业企业应具备的必要条件。通常,创业品质主要包括创业者思维和行为模式、创业者的社会道德认识、创业者的社会责任感及创业者自我情绪的控制能力、面对挫折和失败时应有的心态调节能力。

二、高校创新创业教育的个性目标

创新创业教育的共同性目标是开展创业活动的基本条件,与此同时,要想真正实现和开展创业活动,进行创新创业教育是十分必要的,尤其重要的是进行开创性教育。在高校开展开创性教育,必须建立高校创新创业教育的个性目标。创新创业教育本身就是一种创造性教育,这些在创新创业教育的个性目标中得以实现。简单地讲,高校创新创业教育的个性目标旨在通过培养创业者的创业技能和知识,依靠良好的社会环境合理地创造出一种新的创业格局。开创性教育主要包括以下4个方面的内容。

(一)要有敏锐的洞察力和决策力

优秀的创业者应该具有一定的创业前瞻性眼光,能够对市场变化做出准确的预测,以便更好地抓住市场商机,在市场竞争中掌握主动地位。在面临创业决策时,创业者应该做到自主决策、善于决策,通过自己的创业意识,根据自己的创业能力做出合理的决策。

(二)要有冒险精神和竞争意识

创业有风险性,创业者必须通过自己对市场信息的掌握,面对市场中出现的新机遇能理性分析,敢于尝试,敢于冒险,并做好失败的准备。创业者一定要清楚地认识到市场竞争无处不在,在激烈的市场竞争中,不能退缩,而是应该在做好充分准备的前提下,表现出不畏对手的强烈竞争意识。

(三)要有坚强意志和创新能力

创业者在面对困难时,尤其是创业前期和创业瓶颈时期,应该拿出不屈不挠的精神,充分利用自身的优势和各种资源解决问题。创业者开展的是创造性的活动,这一特质就要求创业者能打破常规,创造性地开展活动。

(四)要适应市场的变化,加强沟通

市场环境是复杂多变的,这是创业者必须面对的现实问题,无论是地理位置、政策制度,还是虚拟环境的变化,都要具有一定适应新环境的能力。优秀的创业者同时也是一名优秀的领导者,要善于把握全局,尤其在面临复杂多变的创业环境时,必须发挥自己应对问题的特长,在听取别人意见的同时,做出明智的决断。还要擅长交流沟通,创业活动不可能是一个人的活动,不可避免地要与他人交流沟通,这就要求创业者要平易近人、与人为善,才能在市场经济大背景下与人和谐相处,创业才能取得成功。

第二节　高校创新创业教育课程体系建设现状分析

经过多年的发展,国内的创新创业教育课程已经在各级各类高等院校普及。无论是体系建设、内容设置,还是学校的重视程度、学生的参与度等都取得了长足发展。由于地域理念、不同类型高校的传统和现实情况的差异,创新创业教育课程建设也面临着亟须解决的问题。

一、创新创业教育课程体系初步形成

高校高度重视创新创业教育工作,已经初步形成了创新创业教育课程体系:课程覆盖面广、学生自主创业率逐年增长;注重大学生创业意识、创业精神和创业能力的培养,形成了多样化的课程体系;积极探索融合性课程,为培养高素质、高技能创业型人才提供新模式。

(一)课程覆盖面广

由于高校对创新创业教育的高度重视,创新创业教育课程已经广泛开设。针对北京部分高校的调研结果显示:在对"本校是否开展创新创业教育"的回答中,70%的学生选择"有";在对"以何种形式开展"的回答中,43%的学生选择"选修的创业课程",22%的学生选择"必修的创业课程"。据统计,有90%以上的浙江高校开设了不同形式的创新创业教育课程,其中70%左右的高校是以选修课的形式进行教学。从研究型大学到高职高专类院校,都开设了创新创业教育课程,尤其是在面向全体学生的公共选修课中加入创新创业教育模块,使更多学生有机会接受创新创业教育,培养创业意识。[①]

在创新创业教育普及发展的背景下,很多学生走上了自主创业之路。据统计,浙江省高校2005—2007年间,接受创新创业教育和参加创业实践的学生总数分别为17128人、32516人、39489人,其中,毕业后从事自主创业实践的学生总数分别为159人、607人、2896人。据麦可思中国大学生就业报告显示,大学生创业人数稳步增长,自主创业比例从2012年的1.5%、2013年的1.6%、2014年的2.0%上升到2015年的4.0%。在创新创业教育日渐成熟的未来,大学生的自主创业比例将会大幅提高。

(二)课程体系多样

目前,国内部分高校已经形成了多样化的创新创业教育课程体系,大致可以分为3类:第一类是面向全体学生的创业通识课程,以培养学生的创业精神和创业意识为目的;第二类是以创业强化班和精英班为主的创业教育课程,以鼓励学生成为自主创业者为目的;第三类是由国际劳工组织设立的创业教育课程,如"大学生KAB创业基础""创办你的企业(Start Your Business,SYB)"课

①傅安洲,王林清,易明.大学生创新创业教育的理论与实践[M].武汉:中国地质大学出版社,2015.

程等,以普及创业知识和技能为目的。上述课程体系在培养学生的创业意识、创业精神和创业能力等方面都已初见成效。

浙江大学在全校公共选修课体系中引入"大学生 KAB 创业基础"课程。该课程属于共青团中央、全国青联与国际劳工组织合作的 KAB 创业教育(中国)项目,以国际劳工组织编写的英文教材为蓝本,其核心内容是国际劳工组织为培养大中学生创业意识和创业能力而专门开发的课程体系。该课程教学内容分为 8 个模块,依次为:什么是企业、为什么要发扬创业精神、什么样的人能成为创业者、如何成为创业者、如何找到一个好的企业想法、如何组建一家企业、如何经营一家企业、如何准备商业计划书,教学时间为 36 个学时。

2008 年 5 月,浙江大学党委学工部引入"创办你的企业(SYB)"项目,该项目面向浙江大学全体全日制学生,学生只需经过面试选拔即可免费接受培训。SYB 是"创办和改善你的企业(SIYB)"系列培训教程的一个重要组成部分,由联合国国际劳工组织开发,是为有愿望开办自己的中小企业的人量身定制的培训项目。SYB 的培训课程总共分为两大部分:创业意识培训和创业计划培训。课程内容包括:将你作为创业者来评价、为自己建立一个好的企业构思、评估你的市场、企业人员组织、选择一种法律形态、法律环境和你的责任、预测你的启动资金、制订利润计划、判断你的企业能否生存、开办企业。

(三)探索创业课程与专业融合

在培养学生的创业精神和创业意识的同时,将创业教育课程与专业课程进行有机融合是创业教育未来的发展趋势,也是创业教育走向更高水平的必然要求。

专业教育中融合创业教育能及时反映本学科专业领域的前沿知识、相关交叉学科专业的前沿信息、相关行业与产业发展的前沿成果。创业课程与专业课程融合可以以创业活动为出发点,强化实践环节、全面深入地掌握专业技能,提供学生所需的与创业活动直接相关的专业技能。

国内高校开始了这方面的积极探索。温州大学依托其创业人才培养创新实验区的优势,在服装设计、法学、汽车工程等专业探索创业教育课程与专业课程的融合。温州大学在推进创业教育的过程中,鼓励专业教师开设专业类创业教育选修课,现已经在经济学、国际经济与贸易、市场营销、财务管理等专业设置了"中小企业创业实务""温州企业家创业案例分析"等专业选修课;在汉语言文学、广告学、艺术设计、服装设计与工程、汽车服务工程、工程管理等专业分别开设"媒介经营与管理""鞋类产品市场营销""服装市场营销""服装企业管理""汽车营销学""汽车服务经营与管理""建筑企业管理"等专业选修课。

针对温州独特的经济环境,温州职业技术学院专门开设"温州经济专题""创造学与创造思维""商品学知识""品牌专卖店管理"等与创业密切相关的课程,并组织编写了《创业指导读本》《温州创业史》《温州人精神读本》等特色创业教材,试图在专业教学中渗透创业知识,使学生具备创业所必需的经济学知识、企业管理知识、文史知识、法律知识等,同时培养学生的创业意识。

二、创新创业教育课程实施效果欠佳

受到多种因素的影响,高校创新创业教育课程实施效果不佳,主要表现为课程体系的整合度不高,课程内容编排不够合理,教学方法有效性不足。

(一)课程体系的整合度不高

国内高校中普遍存在创新创业教育课程体系整合度不高的问题。为了全面落实创新创业教育的方针政策,各高校开设了多种形式的创新创业教育课程,但是不同的课程隶属于不同的管理和实施主体,彼此之间缺乏关联和整合,资源呈现条块分离,这些都造成了创新创业教育的资源利用率较低、重复和浪费现象突出。

高校普遍存在多重管理主体的问题。创业教育强化课程一般是由管理学院和经济学院提供,专业化创业教育课程隶属于不同的专业学院,SYB(创办你的企业)、KAB(了解企业)等课程则由团委和学生处等单位负责,各类创业课程相互独立、分散实施,缺乏联动机制。如在对上海高校的调研中发现,创业教育挂靠学生处和团委的学校各占40%,挂靠产业处和相关专业(或学院)的学校各占10%。这就造成不必要的人力、物力浪费,同时也不利于统一管理和资源整合。导致这一现象的原因有很多,主要是很多高校的创业教育实施是基于行政指令,抱着完成教育部任务的心态来开设创业教育课程,属于"任务主导型",缺乏内在的发展动力,创业教育没有成为学校的自发性需要。一些重点高校以追求"高精尖"的学术研究为导向,容易忽视创业教育,没有将其纳入人才培养的整体规划中。

（二）课程内容编排不够合理

课程内容作为课程实施的核心，其编排是否合理尤为重要。科学合理的教材是培养高素质创业人才的关键。绝大多数开设创业教育课程的高校都没有规范、权威的教材和教学内容标准；有的教材是对国外教材的翻译或简单移植，缺乏与中国实际的结合；有的教材是将零碎的创业活动实践进行简单整理，理论深度不够，缺乏合理性；也有少量结合当地和学校自身实际情况所开发的校本教材，但是缺乏科学论证，大多是简单的拼凑。这些教材不能很好地展示创业教育的理论深度和实践发展，不具备普遍指导意义。

在对北京市部分高校的调研中，在针对"创业教育有无专用教材"的回答中，38%的学生选择"没有专用教材"，23%的学生选择"有引进教材"，21%的学生选择"有自编讲义"，18%的学生选择"有自编教材"。在对浙江省高职高专类创业教育教材调查中，在教师卷中，当被问及"贵校（院系）有无创业教育专用的教材"时，41.2%的教师选择"引进普通高校教材"，35.2%的教师选择"自编教材或讲义"，23.6%的教师选择"无专用教材"。这些数据表明，目前高校的创业教育教材参差不齐、缺乏理论合理性、没有形成针对不同类型高校的统一教材体系。当然，这一现象的存在是由于中国创业教育整体发展还不够成熟，同时也与中国创业教育师资匮乏密切相关。

（三）教学方法有效性不足

作为实施创业教育的手段，教学方法也非常重要，而在实施创业教育的高校中，普遍存在教学方法单一、实践性和有效性差等问题。高校中的通识类创业教育教学大都以讲授法为主，每学期安排1～2次实地参观（科技园、公司企业等）；在专业类创业教育教学或创业强化班中，活动以讲授创业理论知识为主，辅以专家讲座、实习参观等活动。这些方法都是以理论知识的传授为主，与传统经管类、商学院教学方法并无差异，缺少实践操作类的教学方法，如以项目为中心的教学方法不能很好体现创业教育的专业特色，更谈不上创业教育教学中的针对性。在浙江省大学生创业教育现状的调查中，当被问及"所参加过的创业活动类型"这一问题时，68.9%的受访者选择"创业成功人士报告"，50%的受访者选择"教授讲课"，23.9%的受访者选择"实际技能培训"，

19.4%的受访者选择"参与创业计划大赛"。这表明:在大学生创业教育中,以讲座和讲授形式为主,而较少进行创业实际技能培训。

在对浙江省各类高校的师生访谈中,可以发现,教师们大多认为,理论知识的学习是基础,同时辅以经验交流、实践锻炼等方法,从而使学生可以学以致用、理论联系实际,而学生们对创业理论知识的兴趣并不大,更喜欢实践导向、动手为主、创业过程模拟分析等方法,希望亲自参与创业实践、获得创业体验和经验。

第三节 高校创新创业教育课程体系建设策略

创新创业教育是一项实践性很强的教育,高校的创业教育也离不开课堂,同时创业教育与普通的教育又有较大的区别,如何设置高校创业教育的课程也成了不少专家学者探讨的话题。目前,对高校创业教育课程体系的设置有3种思路:第一是按照授课内容的不同分为实践性课程和理论性课程;第二是按照课程表现形式不同分为隐性课程和显性课程;第三是按照授课形式不同划分为学科课程、环境课程、活动课程和创业课程。笔者依据高校创新创业教育的共性目标和个性目标,将高校创新创业教育课程做如下体系设置。

一、创新创业教育的基础学科课程设置

创新创业教育基础学科课程是为了奠定创业者开展创业活动基础而设置的,旨在为创业者构建创业基本理论体系,使其认识创业是什么,创业所需要准备的知识和技能储备有哪些,可以从创新创业教育基本理论课程、创新创业教育专业理论课程和创新创业教育辅助课程3个方面设置。[1]

(一)创新创业教育基本理论课程设置

创新创业教育基本理论课程设置的目的是使创业学生认识到创业是什么,介绍最基本的创业理论。具体的课程包含《创业学概论》《创业基础理论》《创业辅导》等。

---

①陈敬良,魏景赋,李琴.创新与创业教育——理论与实践探索[M].上海:复旦大学出版社,2012.

①《创业学概论》是创业教育的基础,主要目的在于让准备创业的学生认识创业是什么,并让创业学生了解创业活动需要的准备工作,创业活动的步骤及创业活动中所要运用的知识有哪些,《创业学概论》是一门创业教育的入门课程。

②《创业基础理论》是在《创业学概论》的基础上进一步介绍创业相关知识的课程,通过《创业基础理论》的课程让创业者认识其应具备的创业素质和基本能力有哪些,介绍国内外成功创业者的基本案例,以期达到激发创业者的热情,并从中了解创业企业的成长和发展历程。

③《创业辅导》是指在介绍创业基本知识的基础上,进一步阐述创业活动的现实意义,以及创业活动的未来发展,并适当讲解创业活动中的行为、思维方式。在创业活动过程中了解市场,充分利用各种资源和合理处理各种人际关系与发展问题。

(二)创新创业教育专业理论课程设置

创新创业教育专业理论课程设置旨在详细为创业学生讲解创业过程中所需要的各科知识,主要包含《创业法律基础》《创业案例研究》《管理学》《市场营销学》。

①《创业法律基础》是开展创业教育的最基础课程,其目的是为创业学生介绍中国的法律环境,与创业过程有关的法律法规都应纳入本门课程中,具体可包含《中华人民共和国公司法》《中华人民共和国行政法》《中华人民共和国知识产权保护法》《中华人民共和国劳动法》《中华人民共和国环境保护法》《中华人民共和国合同法》等。通过该课程的学习,让创业学生能够知法、懂法、守法,在法律范围内开展创业活动,做到自己不犯法,也懂得用法律武装自己。

②《创业案例研究》是让创业者了解真实案例,并通过成功和失败的创业案例分析原因,找到成功或失败的关键环节,为自己在创业实践活动中吸取宝贵的经验,并能够从失败案例中吸取教训,避免重蹈覆辙。

③《管理学》是企业管理的基础性课程,创业者必须了解管理学,通过该课程的学习使创业者在创业活动中学会计划、组织、管理、决策等管理中常规性的过程和步骤,学会对市场做出正确的评价和选择,提高把握市场机遇的能力,最终达到以最小的成本投入获得最大利润这一目标。

④《市场营销学》是一门介绍市场基本规律和特点的课程,通过该课程的

学习,让创业学生对市场这一概念有深入的认识,为其在创业活动中把握市场机遇奠定基础。该课程主要介绍市场环境、消费者市场行为及如何进行市场分析,选择合理的营销策略,对市场营销活动的基本程序和方式方法有详细的了解和认识,使创业学生在创业活动中正确运用市场营销手段,获得市场份额。

(三)创新创业教育辅助课程设置

创新创业教育辅助课程是为进一步提升创业学生的创业活动质量而设立的,创业教育辅助课程体系是一类由多学科构成的课程体系,应根据不同创业学生特点来设立,应充分考虑创业学生的学科背景、知识基础、兴趣爱好等特征来开设,应尽可能地满足不同的需求。创业教育辅助课程体系还应将重点放在激发有创业意愿学生的创业兴趣、培养企业家精神、注重创造性思维的培养、开阔学生视野等方面。同时,在改变创业教育辅助课程体系时,可以结合学校的师资力量,充分合理运用现有的师资资源。考虑到中国创业教育专业教师师资严重不足的现状,可以在学校现有师资基础上经过适当的培训来培养创业教育专业教师。例如,外语教师可充分利用他们的语言优势,给学生传授国外先进的创业教育理论及优秀的成功案例,管理学教师则可以为学生讲解企业家精神、各地管理基本理论等相关知识。创业教育辅助课程体系在全校内以选修课的形式开展,创业学生可以根据自己的爱好选择不同的课程来学习,以期达到提高创业教育质量的目的。

二、创新创业教育的活动课程设置

创新创业教育本身是一门实践性很强的课程,因此,在创新创业教育课程改革中活动课程的设置尤为重要,创新创业教育的活动过程旨在让创业学生通过具体实践,了解创业活动的整体流程,并在具体创业活动中找到自己感兴趣的方向,能够将自己所掌握的知识、信息、技能和资源具体运用到一项实实在在的创业活动中去,真正实现创业的意愿,在此过程中能够了解和掌握创业活动的基本细节,为真正开展创业活动奠定坚实基础。创新创业教育的活动课程可以从以下4个方面来衡量。

(一)创新创业教育集体活动课程

创新创业教育集体活动课程具有广泛性的特征,该活动课程应根据学校的总体创业教育目标,面向全校创业学生而设置,旨在达到全面认识创业活动,了解企业真正运作流程和目的。其开展形式可采用报告或讲座形式,由学校出面,在规定的时间段邀请创业教育专家或成功创业者与创业学生开展面对面的交流,使创业学生能够从他们的亲身创业经历中获取所需,起到培养创业学生创业精神和提高创业素质的作用。

(二)创新创业教育专题活动课程

创新创业教育专题活动课程是在创业教育集体活动课程的基础上,专门针对创业活动中某个环节而开展的创业教育实践活动。创新创业教育专题活动课程所选择的专题环节一般是创业活动中重要的环节,如营销环节、决策环节。当然,也可根据创业学生的要求,就某一个他们感兴趣的环节或是他们认为困难的环节而展开主题活动。创新创业教育专题活动通常采用商业计划竞赛的形式开展,而且还能培养和锻炼创业学生的团队合作意识、竞争意识等。常见的创新创业教育专题活动课程有模拟营销大赛,参观企业了解企业文化和企业运作流程等。

(三)创新创业教育项目活动课程

创新创业教育项目活动课程是按照高等学校开展创业教育的目标,在创业教师的引导下,创业学生在明确自己创业活动的主题下,自行设计创业活动项目,并且在学校的支持下,亲自实践自己的创业活动,最终完成整个创业活动,然后再对自己的创业活动全过程进行自我批评、自我总结,以期来丰富创业学生的创业经验。通过对创业教育项目的实施,强化创业学生在创业过程中的独立判断能力、自我管理能力,培养创业学生企业家的基本素养,使学生在项目活动过程中得到锻炼。

(四)创新创业教育项目潜在课程

创新创业教育项目潜在课程强调的是在高等学校里营造一种创业活动氛围,通过这样的创业活动氛围来潜移默化影响创业学生,以达到培养学生的基本创业品质,提高学校创业教育发展水平和质量为目的。创新创业教育项目潜在课程手段可通过学校已有的条件,如开展企业家校友事迹展,邀请知名企业家定期开展交流会等,激励学生开展创业活动,培养学生的创业精神。

三、创新创业教育的实践课程设计

创新创业教育实践课程有利于提高大学生对企业知识的运用,培养大学生的创业技能,有利于开阔大学生的视角,发挥大学生个人技能。创新创业教育实践课程主要分为模拟创业实验和创业实践两种形式。

(一)模拟创业实验

模拟创业实验过程是一种创新仿真实验,学生可以模拟体现创业者经历的各个阶段,体验从创业决案、创业项目选择、团队组建、如何管理企业到产品如何推广的整个创业历程。模拟创业实验还可以通过案例分析形式进行,使学生身临具体案件之中,将自己想象成创业者,并且分析自己在解决创业过程中出现的问题与各种做法。模拟创业实验要开设沟通技巧与训练、商业营销模式、商务案件分析、商业计划与培训体验等课程。

(二)创业实践

创业实践是为了将创业理论与实践结合。大学生创业实践可以通过两种方式进行:一方面可以利用校内的专业实习平台,让学生进入学校的后勤、投资等部门进行体验,使其能够积累丰富的与人交往的社会经验;另一方面可以开展校企合作方式,通过与企业的沟通和洽谈,让更多的学生进入企业内部实习,能够了解企业的经营与发展模式,积累处理各种问题的经验,为其创业打下坚实的经验基础。

第四节　高校创新创业教育的学科化发展取向

当前,高校创新创业教育深化改革呈现向纵深发展的良好态势。但是,进一步深化改革既存在"中梗阻",也存在"最后一公里"的问题:"一些地方和高校还只是停留在会议、文件和口头上,没有真正落实到教学观念、培养模式等教育教学的关键环节中,尚未落实到教师学生的教学和实践上。"如何切实增强高校创新创业教育发展的内生动力,防止出现名义上"加强",实际上"虚化"乃至"落空"的现实问题?根本途径是切实加强创新创业教育学科建设,厚植创新创业教育在高校的学科基础。正如纽曼所言:"大学要么指学生而言,要么指学科而言。"高校内部的学术发展细分为不同学科,学科建设是大学建设的基本单位,任何一门学问都要找到自己的学科依托。由于当前中国高校创新创业教育还不是一个独立学科,正在为建设一个成熟的学科体系积累前期条件,本研究选择使用了"学科化"的提法。所谓"学科化",就是一个走向"科学化"的过程。"学科化"更加关注过程而不是结果,针对研究过程中存在的研究方法和研究程序不规范或规范性不够的问题,更加关注建立研究的相对独立规则,引导研究走向规范化;针对研究过程中产生的业余性、感悟性和议论性成果,更加关注专业精神和专业态度的培养,推动研究走向专业化;针对研究过程中普遍存在的宏大叙事和主观臆测,更加注重获得相对精确的知识和建构相对系统的理论,确保研究的科学化。当前形势下,学科化是明确一线工作者和专业教师学科"归属感",促进"学术职业"发展的有效载体;是明确创新创业教育目标定位,有效克服功利主义价值倾向的重要途径;是推动创新创业教育与实践走向规范化、专业化和科学化,"使创新创业成为管理者办学、教师教学、学生求学的理性认知与行动自觉",进而实现持续发展的内生动力。[①]

一、中国高校创新创业教育的学科化特性

全面准确把握高校创新创业教育的学科化特性是加强学科建设的基本前提和科学基础。高校创新创业教育学科建设要在纵向上贯通大中小学,在整体上实现有效衔接;要在横向上联结政府、企业和社会,建设开放的协同育人机制;要主动顺应大众创业、万众创新的时代潮流,以人才驱动实现创新驱动,培养造就适应时代需要的创新创业人才。这就使得整体性、开放性和时代性成为当前中国高校创新创业教育学科化的基本特性。

(一)创新创业教育学科化的整体性

实现创新创业教育学科化是一项系统工程,需要综合考虑构成影响和制约的各种社会、心理因素,统筹把握创新创业教育与政府政策、经济发展、社会进步、科技创新及文化嬗变等外部诸要素的复杂关系。理顺这些关系需要兼收并蓄相关学科的原理和知识,实现不同学科概念、方法和技术手段融会贯通,逐步建构高校创新创业教育的原理体系、知识体系、方法论体系、比较研究

①葛海燕,荣芳倩,冯丽霞.新时期大学生就业创业教育研究[M].北京:海洋出版社,2014.

体系,这就需要高度重视创新创业教育的整体性特征。创新创业教育绝对不是市场营销、金融财务、运作管理、人力资源、质量控制方法等管理课程简单相加的结果,它需要"围绕着一个企业的生命周期"将这些知识构建为一个体系,以"基于创业过程模型的全新方法"将独立分散的职能性课程加以整合,从而"有助于读者对通常来说混乱和不可预测的创业过程形成全面而深刻的理解"。这就是为什么很多大学的商学院或管理学院虽然有着雄厚的学术基础,但在开展创新创业教育时却无法收到应有效果的原因所在。正如有学者所指出的:"到目前为止,管理学院面向本科生、研究生开设的管理课程仍然以职能性课程为主,对创新与整合性课程重视不够,与时代发展的要求不一致。"也正是基于这一高度注重整体性的指导思想,杰弗里·蒂蒙斯发明了基于"商机驱动""团队驱动""资源驱动"3个核心要素匹配和平衡的"蒂蒙斯模型",这一创业过程模型解决的中心问题就是通盘整体的平衡。注重整体性成为蒂蒙斯创业教育理论和实践课程体系的突出特点,这种从整体上建构创新创业教育体系的发展趋势也是近年来高校创新创业教育研究与实践的重要发展趋势。

(二)创新创业教育学科化的开放性

创新创业教育的主要任务在高校内部完成,但教育的平台和资源却要依靠政府、社会、企业共同提供。如何协调和汇聚资源使其形成合力共同为学生的全面发展服务,是创新创业教育必须解决的关键问题。所以,创新创业教育成为联系各方关系的桥梁和纽带,以此为中心,大学与政府、企业、社会其他部门及个人建立起密切而广泛的联系,形成一个全社会支援大学生创新创业的网络。创新创业教育具有的开放性特征对于学科发展取向、教师素质要求和教学方法改革都提出了新的更高的要求。

首先,创新创业教育的学科发展取向不能指向纯粹的高深的理论探究,也不能停留于对未来美好教育理想的描述,而要"直通"现实地培养开创性个人的"教育工程",对于创新创业教育不能"只会说应该是什么,不知道究竟应该做什么、怎么做"。这就是创新创业教育面向国家需求的开放性,既要对新的教育取向进行"指向",又要在从教育取向到教育工程的技术转换过程中进行"示范",实现理论和实践的统筹兼顾,设计与实施的紧密结合。其次,从事创新创业教育的教师需要成为一个优秀的社会活动家,既要脚踏实地,从高校所在社区、所在城市做起，获得支持、汇聚资源；也要以国际的视野和胸襟，立足中国、面向世界，熟练运用"请进来、走出去、全面掌控前沿信息"的方法，面向全球确立发展策略，搭建大平台，汇聚大资源，为学生的长远发展奠基。最后，开放性的学科化特征要求创新创业教育的主要任务不是解释"是什么""为什么"，而是着重解释"做什么""如何做"，这种全新的教学任务需要重新思考"教什么"和"如何教"的问题。创新创业教育不能只局限于传统的"粉笔加讲授"的教育形式，要充分考虑到创业教育领域"缄默知识"大量存在的事实，要求创新创业教育回归到它的来源，也就是人类创新创业实践活动，汲取力量，而不是归隐于纯粹空想思辨、形而上的玄学抽象；学习和研究创新创业教育也必须面向丰富多彩的创新创业实践，使之在"改造世界"的过程中接受检验，并随着实践的发展而发展。

（三）创新创业教育学科化的时代性

高校创新创业教育理论研究和实践活动的深入开展与所处时代的主体特征有着密切关联。曾任芝加哥大学校长的赫钦斯在1953年大胆预测："如果我们得以幸存，我们将活在衣食无虞却工作短缺的世界，机器将代替我们工作。"这一伟大的预言就是当今时代的真实写照，"衣食无虞却工作短缺"成为世界各国政府最为头痛的社会问题。这既是当今时代各国政府高度重视创新创业教育的根本原因，因为传统产业创造的工作岗位已经被"机器"侵蚀掉了，为了工作，当代人只能自己创造工作岗位；也是提出"就业友好型"增长的主要原因，因为国家投资建设资本密集、技术密集的大企业，难以提供大量的就业岗位，出现所谓的"奥肯悖论"，即经济增长与就业增长不平衡，经济增长并不必然带来就业岗位的增加。强调"就业友好型"增长，就是要在保增长的过程中特别注意就业岗位的开发，对就业吸纳能力强的中小企业加大支持和扶持力度。这就使得当今中国高校的创新创业教育理论研究和实践活动表现出明显的时代性特征，对当前中国大学生就业难的现实关切，要求中国高校创新创业教育走一条具有中国特色的发展道路。当然，"工作短缺"并非当今时代的唯一特征，以知识经济为主导的世界经济形态更加凸显了创新创业精神的重要性。知识经济时代以经济知识化和社会信息化为主要特征，"大学必须改变传统的只传授现成知识的教育模式，而要树立创造性的教育思想，尤其像清华这样的重点大学,培养学生的创新精神应该是最重要的"。知识经济时代的大学已经从社会的边缘转移到中心,直接成为催生新兴产业和推动经济发展的主导力量。大学培养的创新创业型人才成为知识经济时代社会发展的重要推动力量,他们不再是工作岗位的搜寻者,而是工作机会的创造者,正是他们创造的新兴产业为以高校毕业生为主体的青年就业群体创造了实现人生价值的平台。正是基于这一鲜明的时代特征,党和国家领导人高度重视青年创新创业:"青年学生富有想象力和创造力,是创新创业的有生力量。""青年愿创业,社会才生机盎然;青年争创新,国家就朝气蓬勃。"当今时代,创新成为社会进步的灵魂和引领发展的第一动力,创业成为推动经济社会发展、改善民生的重要途径。创新创业成为驱动经济发展的动力引擎,必须通过创新创业教育加快培养规模宏大、富有创新精神、勇于投身实践的创新创业人才队伍。

二、中国高校创新创业教育的学科化道路

中国高校创新创业教育走过了一条政府驱动的快速发展之道,政策导向经历了从"以创带就"到"大众创业、万众创新"的拓展,创新创业成为驱动经济社会发展的动力引擎。这就需要深刻认识到创新创业教育不是添加在高校身上的临时任务,不是应对当前经济下行压力加大的紧急措施,也不是解决高校毕业生就业难的权宜之计,而是找准高等教育改革发展定位,全面提高人才培养质量,努力造就"大众创业、万众创新"生力军的战略选择。中国高校创新创业教育学科建设需要结合中国国情,走一条"专业式"与"广谱式"双轨并进、"问题导向"与"学科导向"统筹兼顾、"政府驱动"与"高校需求"上下互动的特殊道路。

(一)"专业式"与"广谱式"双轨并进

"专业式"创新创业教育形成于美国。1947年2月,哈佛大学商学院的迈尔斯·梅斯(Myles Mace)教授为MBA学生开设了"创业企业管理(Management of New Enterprises)"课程。这一历史性事件奠定了美国高校创业教育的3个传统:一是商学院(管理学院)成为高校创业教育的主体;二是创业教育与MBA学生培养紧密相连;三是创业教育的目标指向"新创企业管理"。"专业式"创新创业教育传统在哈佛商学院得到了传承和坚守,直到现在,它的教育对象仍然仅针对 MBA（工商管理硕士）。"专业式"创新创业教育积累了教师、教材、案例、基础理论等"原始资本"，使得创新创业教育在商学院内部完成了"自生长"和"自成熟"的专业发展历程。与"专业式"相对应的是 20 世纪 90 年代发展起来的"广谱式"。"广谱式"创新创业教育课程针对全校学生，采取以提升全校学生创业素养和创业能力为本位的发展路径。近年来，"广谱式"创新创业教育发展势头强劲，高校创新创业教育普遍向着"广谱式"模式发展，在商学院以外的地方教授创业开始变得流行，"科学研究者学习商业知识，商人学习科学知识"变得越来越普遍。当前高校创新创业教育学科化要努力创造"专业式"与"广谱式"创新创业教育"双轨并行"的条件，切实实现二者的"相互助力"。

"广谱式"创新创业教育的突出优势是理念先进，既考虑大多数，也不忽略极少数，实现了"全覆盖""分层次""差异化"的统筹兼顾；"专业式"创新创业教育的突出优势是目标明确，在培养学生实际创业能力方面基础雄厚。高校创新创业教育的学科化就是要以"广谱式"创新创业教育的先进理念为指导，以"专业式"创新创业教育的专业实力为依托，确保二者"相互助力"：既要充分发挥"专业式"创新创业教育在提升学生创业实战技能等方面积累的优势，又要积极推动创业教育项目向商学院之外的工程、艺术、科技等专业广泛拓展，全面融入学科专业教育之中。既面向全体学生开展"广谱式"教育，广泛地"种下创新创业的种子"，为高校毕业生设定"创业遗传代码"，普遍培养和提高所有专业大学生创新意识、创新思维和创新能力，又面向少数有创业意向的学生开设创业实验班，为这些学生在大学期间或是毕业之后创业提供切实的教育咨询援助。通过整合构建"专业式"与"广谱式"创新创业教育"双轨并行"的运行机制，以此来促进教育质量的整体提升和学科建设的共同进步。

（二）"问题导向"与"学科导向"统筹兼顾

中国高校创新创业教育研究与实践始于"问题导向"。2007 年，党的十七大报告明确提出了，"实施扩大就业的发展战略，促进以创业带动就业"的战略方针，指出"完善支持自主创业、自谋职业政策，加强就业观念教育，使更多劳动者成为创业者"。在"以创带就"政策导向下，高校创新创业教育研究与实践立足于解决就业难这一最大的民生问题展开，围绕社会和谐与政治稳定，将

"自主创业"作为灵活就业的两个方式(另一个为"自由职业")之一,千方百计解决大学生就业问题。在此过程中,高校创新创业教育研究与实践的重要目标就是缓解就业压力,创新创业教育研究采取典型的"问题导向"研究模式,尤其注重应用性和对策性研究。对于这种研究导向,不能因为它没有给予学科建设以足够的重视就简单地加以否定,而是要协调处理"问题导向"与"学科导向"的辩证关系,实现二者的统筹兼顾。

一方面,"解决现实问题"和"进行学科建设"是一件事,二者可以内在地统一于整体的学科化进程之中。从事创新创业教育的专家如果不去积极关注大学生就业问题,只是将创新创业教育纳入学院知识生产的流水线,以僵化的学科分界画地为牢,而将很多重要的现实问题排除在研究的范围和视界之外,那么,这种研究存在的理论和实践基础又在哪里呢? 另一方面,热点问题研究固然重要,但学科建设不好,长此以往,热点问题研究缺乏坚实的学科支撑,也只能浮于问题表面。为此,高校创新创业教育既需要"仰望星空",围绕大学生就业难等重点难点问题进行深入研究,也需要"脚踏实地",对于事涉长远大计的学科建设问题进行整体规划和设计,为创新创业教育确立坚定正确的价值取向,为科学体系和模式的构建夯实基础。这就是"问题导向"和"学科导向"的辩证关系,以问题为导向看似忽略了学科体系的构建问题,而实际上解决问题的过程也就是学科化的过程。反之,如果简单地以学科为导向,在条件尚不成熟的情况下就展开"划界运动",只能使学科走入死胡同。

(三)"政府驱动"与"高校需求"上下互动

当前,国家高度重视"大众创业、万众创新",明确指出:大众创业、万众创新既可以扩大就业、增加居民收入,又有利于促进社会纵向流动和公平正义。个人和企业要勇于创新创业,全社会要厚植创新创业文化,让人们在创造财富的过程中,更好地实现精神追求和自身价值。2015年5月,国务院颁行《关于深化高等学校创新创业教育改革的实施意见》,站在国家实施创新驱动发展战略、促进经济提质增效升级,推进高等教育综合改革、促进高校毕业生更高质量创业就业的高度,明确了深化高等学校创新创业教育改革的指导思想、基本原则、总体目标,提出了9项改革任务、30条具体举措。由国务院发布文件推进深化改革,标志中国高校创新创业教育已经由"以创带就"拓展为以"大众创业、万众创新"驱动经济社会发展的新阶段,高校创新创业教育的实质拓展为以创新为基础的创业,支持创新者去创业,使创新创业成为驱动经济社会发展的引擎。

"政府驱动"使得高校创新创业教育学科发展在资源汇聚、平台搭建和成果产出方面都有政策和资金保障,使创新创业教育研究可以在短时间内兴旺起来。基于这一现状,创新创业教育研究必须遵循政府设置的导向,才能使自身的理论体系更趋完善。但是,仅有这些还不够,创新创业教育需要在政府的推动下以高校为主体来具体落实,将"政府驱动"与"高校需求"紧密结合,实现上下互动。当务之急是以高校为主体建设创新创业教育的生态系统,这个生态系统的指导思想是"高校主体、企业参与、社会支持"。"高校主体"重在加强三方协同,以高校为主体建立大学生创业平台,一方面是协同各方,汇聚资源为大学生创新创业所用;另一方面是积极推动知识资本化和技术市场化,成为联结政府和企业的桥梁和纽带,"真正发挥出高校作为创业型人才培养实施者、智力型资本激发引导者、创新型企业资源融合者的主体作用"。"企业参与"重在提供服务,在系统中起到支撑辅助作用,须通过完善民间融资体系,建立非营利性第三方组织等方式,尽可能地提供包括资金、技术、评估和认证等方面的专业化服务。"社会支持"重在厚植创新创业文化,营造崇尚创新、宽容失败、鼓励个性的社会氛围,使创新创业成为新的价值追求和社会取向。

三、中国高校创新创业教育的学科化发展取向

科学把握中国高校创新创业教育学科化发展取向,必须把握主流和主线、分清主流和支流,主线和分线的区别。在学科化进程中,必须抓住主要矛盾和主要问题,为创造更好的发展趋势创造条件,为此就要在建构共同的教育哲学基础、明确学科边界和主体领域、加强平台建设和人才培养3个方面集中力量,实现突破。

(一)建构共同的教育哲学基础

教育哲学最为根本的问题就是本质论、目的论和价值论,作为创新创业教育,基本的教育哲学问题也是这"三论"。当前,创新创业教育哲学存在的主要问题是与教育哲学高度重合。将"培养人"这一教育的本质作为创新创业教育的本质,将"培养社会主义合格建设者和接班人"这一教育的目的作为创新创

业教育的目的,将"人的自由而全面的发展"这一教育的价值作为创新创业教育的价值,这在根本方向上是正确的。但是,这种高度重合就会引发深入思考:创新创业教育的特质在哪里? 它的不可替代性在哪里? 不能在这些问题上形成深刻认识,创新创业教育就失去了存在的前提和基础,终将淹没在一般教育的汪洋大海之中。这就要求必须结合高校创新创业教育独有的理论特质,在宏观教育规律的指导下深入思考专属于高校创新创业教育的本质、目的、价值,以此作为高校创新创业教育学科化的出发点和落脚点。首先,创新创业教育具有"主动性"的本质。认为"主动性"是创新创业的突出特质,就是要把创业作为一种生活方式和人生态度,转化为学生的主体行为。主动性就是要充分发挥人的创造性的潜力和本能,培养"创业自觉"。其次,创新创业教育具有"超越性"的教育目的。"超越性"包括对传统的超越和对自我的超越两个方面,超越性的创新创业教育就是要"培养具有开创性的个人"。最后,创新创业教育具有"转化性"的终极价值。认为从教育过程来看,创新创业教育是一个艰难的转化过程,从接受创新创业知识到形成创业智慧,从新发明、新发现、新创造到知识资本化,从具有创业意向到采取创业行动,需要付出艰辛的努力,包括"转识成智"(知识转化为智慧)、"转知成资"(知识转化为资本)和"转意成行"(意向转化为行为)3个方面。

　　共同的教育哲学基础是确保高校创新创业教育科学设计、顺利实施的根基,在"三论"的统合下,协调多学科研究在共同的概念和术语方面取得多方共识,消除各学科原理和方法的矛盾和冲突,努力达到整体和谐。只有创新创业教育在本质论、目的论和价值论方面实现了高度认同,才能为以不同学科知识为基础、从问题的不同方面展开的多样化探讨奠定坚实基础,才会走出"'自己出题目,自己封闭做研究,自己欣赏自己成果'的自娱自乐的窘迫处境"。在此基础上,把创新创业教育置于国家发展战略与现代化建设发展体系中,提升到高等教育办学理念和教育体制改革的高度,立足于学生能力素质的培养和提高来切实加强创新创业教育课程设置、教材建设、教师培训及评价体系等具体问题研究,形成血肉丰满的创新创业教育学科群。

　　(二)明确学科边界和主体领域

　　当前,每年发表的创新创业教育研究文章已近3000篇(CNKI),在数量上蔚为可观,但是整体质量仍有提升空间。很多文章是大同小异,可以说,研究方法基本雷同,研究角度基本相似,大致上是"意义——内容——途径"三段式。正像有学者所言:基本上是一种思辨性的研究,流于肤浅的现象描述,研究成果主要是一种研究者想象力和生活阅历的呈现,大部分成果不仅文章结构案头化(原因、特点、对策)、论述枯燥化(家庭、学校、社会),而且结论也大都是"正确的废话"(加强、提高、重视),这种发展现状严重阻碍了创新创业教育的学科化进程。作为一个研究方向,必须有属于自身的学科边界和主体领域,围绕这些主体领域有一批学者在长期深入地研究。漫无边际的研究领域,就会使得这个研究方向缺乏总体上的学术认同感,缺乏严格意义上的专业积累和进步。

为了明确学科边界和主体领域,当前,亟须做好4个方面的基础工作。一是创新创业教育的基础文献研究。作为一门新兴学科,创新创业教育研究尚无重要文献汇编和导读,这使得广大研究者缺乏必要的共同学术积累和共通话语体系,既降低了学术群体的整体学术认同感及同行感,也在一定程度上影响了学生培养质量。二是中国不同类型高校开展创新创业教育的成功案例。由于创新创业教育发端于美国,所以国内学术界对于创新创业教育研究多是介绍美国的成功经验,这种研究当然必要,但如果缺少对于国内高校创新创业教育实践的关注,这种比较研究也就缺少了本土基础。所以,需要关注国内高校对创新创业教育的实践创新,特别是这些高校在全校范围内推进创新创业教育的体制、机制和队伍建设的实践创新;以创新创业教育理念指导高校教育教学改革,提高教育质量的实践创新;以创新创业教育为核心和纽带,协调政府、企业和社会资源,促进高校走开放之路的实践创新。三是世界各国高校创新创业教育的比较研究。学术界对美国、英国和日本创新创业教育已有深入研究,对印度、俄罗斯等国则缺乏应有的关注,对欧盟成员国如芬兰、瑞典、丹麦、法国、德国在创新创业教育方面的积极实践缺乏持续追踪。四是创新创业教育与不同学科专业相结合形成的全新教育模式。在很多高校,目前依然只有专业教育这支"正规军"单兵推进,而创新创业教育则像"游击队",打一枪换一个地方。尽管有教师尝试将创新创业教育融入日常教学,但因没有成建制的课程规划,专业教育和创新创业教育成了"两张皮"。这就迫切需要探索如何将"两张皮"拧成"一股绳",并实现水乳交融的教育模式,重点加强这方面的案例积累和经验总结推广,为创新创业教育与不同专业相结合提供范例,为在更大范围内推广创新创业教育起到应有的示范作用。

(三)加强平台建设和人才培养

平台和人才对于学科建设至关重要,二者相互依存、相互提升。有了平台,可以招揽人才;有了人才,可以创建平台;人才和平台结合,就会汇聚资源、产出成果、壮大平台。平台建设成为现阶段高校创新创业教育获得全面发展与进步的基本保障。一是采取"专业模式",所有日常管理、师资培养、经费筹措、课程设置等资源都由商学院或管理学院调配,教学对象和教学活动集中在商学院或管理学院,目标是培养专业化的创新创业人才、创新创业教育师资和研究者。二是采取"广谱模式",成立全校性的创新创业教育中心(学院),整合校内校外各方面资源,加强顶层设计,面向全校学生开设创新创业教育课程,全方位推进创新创业教育。三是整体设计创新创业教育学科建设方案,分三步解决创新创业教育学科归属问题:第一步将创新创业教育发展成高等教育学、教育经济与管理学或比较教育学二级学科下的研究方向;第二步应该加强创新创业教育的相关研究,融合就业教育、职业生涯规划教育内容,开辟出原理、史论、方法、比较等主流研究方向;第三步将创新创业教育相关研究方向进行整合,并正式在教育学一级学科下设创业教育学,或在管理学门类下建立创业学一级学科,下设创新创业教育学二级学科,最终建成创新创业教育学科。

在人才培养方面,首先是教师培养。当前从事创新创业教育的教师有的来自商学院或管理学院,由于在学院内部创新创业教育并不是"主业",处在边缘状态;有的来自就业中心、校团委等学生工作部门,由于不是"科班出身",有些底气不足;有的来自各个专业,结合本专业教育进行创新创业教育,由于无法进入专业主流,况且短期内不能取得应有的效益,常常是单枪匹马、孤军奋战。这些教师以自己的原专业获得职称晋升,申请国家科研项目时很难找到准确的学科归属,经常在管理学、经济学、教育学、社会学等学科之间徘徊。学科"漂泊"状态使得从事创新创业教育的教师缺乏学科归属感,对于学者而言,学科就是学术职业,没有学科归属就意味着学术职业失败。因此,迫切需要建设专属的发展平台。针对从事创新创业教育的"学院型""兴趣型""公益型"教师,需分别建设相应的发展平台。对于"学院型"和"兴趣型"教师,由于他们都是高校教师,要重点建设培训基地等实践平台,提供实训资源;对于"公益型"教师,由于他们都是来自企业和社会的兼职教师,要建设帮助其提升理论水平的学术平台,使得实践经验得到应有的学术化。

第六章 创新创业背景下高校人才培养师资队伍建设

在创新创业的大环境下,高校人才培养的师资问题显得极为重要,特别是对于高职院校而言,尤为突出,本章以高职院校的专业教师队伍建设为例,谈一下对于高职院校"双师型"专业师资队伍建设的一些看法。

第一节 高校师资队伍建设存在问题的分析

高职院校"双师型"专业师资队伍建设的观念有待更新,俗话说:"观念一变天地宽。"观念是行动的先导,是活动的灵魂。只有在科学的教育理念指导下,高职"双师型"专业师资队伍建设才能符合发展规律,实现科学发展。当前在队伍建设中客观存在的一些不合时宜的观念已经成为我国高职院校"双师型"专业师资队伍发展壮大的"拦路石"。

首先,一些高等职业院校对"双师型"教师的基础性问题认识不足。早在1998年,我国《面向21世纪教育振兴行动计划》就提出要建设"双师型"教师队伍,但由于对"双师"的界定不同、认识不同,自然使得不同的学校在进行"双师型"师资队伍建设时所设立的目标不同。有的学校认为"双师"即"双证",鼓励教师多考证,甚至出现基础课教师也考行业技能证的现象;有的学校认为"双师"即"双能",一味忙于安排教师参加教育部培养培训基地的培训,到企业参加顶岗实践,将培训作为"双师型"师资队伍建设的关键;还有的学校视"双师"为"双元",即要通过发展兼职教师队伍来丰富专业教师队伍,甚至将从校外聘请的公共课教师也纳入兼职教师之列,以形成专任教师与兼职教师共同组成的"双师型"师资队伍,等等,如此说法层出不穷,莫衷一是。这种对高职"双师"认识的模糊性已经直接干扰到师资队伍的建设,造成了各高职院校的专业师资的整体水平和"双师型"教师个体水平的参差不齐。①

其次,部分高职院校专业教师的教育理念故步自封。我国现有高等职业院校是经过"三改一补"而来,一部分专业教师是由原来的中等职业教育学校或成人学校跨入高等职业教育的行列,他们仍旧沿袭中职教育、成人教育的观念、模式,对高等职业教育的认识不足,不能准确把握高职教育的内在规律,不能及时适应现代高职教育发展理念,陷入了自身发展的思维困境;还有一部分专业教师"重知识理论,轻实践工艺"的传统思维根深蒂固,他们认为教师的本职工作是教学,没有必要走进车间,参加一线生产实践,即便是在学校的硬性要求下参加实践,也多是走形式,谈不上真正地提高能力。这些教育理念显然不能适应高等职业教育的发展,跟不上时代的步伐,不利于高职专业师资队伍的建设和发展。

一、高职院校"双师型"专业师资队伍建设的结构有待优化

专业师资队伍结构的合理与否关系到高等职业院校的长远建设和发展。为了高等职业教育的持续发展,高等职业院校必须把建设一支结构合理的"双师型"专业师资队伍放在重要的位置上。就目前而言,我国"双师型"专业师资队伍无论是从年龄结构、职称结构还是学历结构等方面都未能满足大力发展高等职业教育的现实需求,有待进一步优化。

(一)生师比例明显过大

从1998年到2005年,我国高职高专的招生数从54万人增长到268万人,在校生人数也由117万增长到713万,增加了6倍。2005年底我国高职院校共921所,2006年981所,2007年1015所,高职教育的学校数逐年攀升。2008年,全国中等职业教育和高等职业教育招生规模达到1100万人,在校生超过3000万,分别占据了高中阶段教育和高等教育的半壁江山,实现了我国教育改革发展的"一个突破"。

相对于高等职业教育规模的迅速扩张,高职专任教师数量虽有稳步增长,但仍显得相对不足,即使是"国家示范性高等职业院校建设计划"立项单位的平均生师比也仅达到20.1:1,与教育部"十五"期间全国高等学校平均当量生师比要达到14:1的标准仍有较大差距。

①邓向荣,刘燕玲.大学生创新创业[M].北京:北京理工大学出版社,2020.

而相较之下,高职师资中,"双师型"师资数量缺口更大,生师比较高,问题更为突出。教育部《高职高专人才培养工作水平评估方案》明确要求专业基础课和专业课中双师素质教师比例应达到50%才能合格,达到70%以上即为优秀。但调查显示,河北省近年来升格的3所高职院校具有双师素质的教师占专任教师的29%,陕西省8所中专转制类高职院校的双师素质教师占专任教师总数的22%,云南省抽样调查的10所高职院校,其双师素质教师占专任教师的比例为26.7%,安徽省合肥市5所高等职业学院的双师型教师比例为22.86%。

与此同时,作为"双师型"专业师资队伍特色组成部分的兼职教师数量也显著不足。在德国,职业学院的专职教师占35%~50%不等,其余大部分是来自企业的兼职教师,他们既有深厚的理论功底,也有丰富的实践经验,是应用性课程的主要教授者。然而,我国高等职业教育仍以专职教师为主体,兼职教师的比例尚且达不到《高职高专人才培养工作水平评估方案》中规定的合格要求,即兼职教师数占专业课与实践指导教师合计数之比达到10%,也就谈不上是否能达到优秀(20%以上)标准,更谈不上与发达国家占有50%～70%的兼职教师比重相比。

现实表明,我国"双师型"教师的数量远远没有能够达到教育部的要求,未能满足高职教育的现实需求,数量缺口问题日趋突出,生师比例问题亟待改善。

(二)年龄结构不尽合理

年龄结构是指师资队伍中各不同年龄教师数量的构成情况。它的合理与否反映了该师资队伍的活力、发展后劲及梯队建设的基本状况。当前许多高职院校专业教师队伍出现两头重现象,一是年轻教师比例过大,一是聘请的退休专家比例过高,往往严重缺乏年龄层次在40～55岁能够担当教学与科研重任的骨干教师或学科带头人。其中"双师型"教师亦是如此。

(三)职称结构严重失衡

职称结构是师资队伍中各不同层次专业技术职务的教师数量的构成情况。2005年,我国普通本科院校专任教师中高级职称的比例为42.6%,而高职院校中高级职称的比例则不足30%。以云南省为例,在云南"双师型"教师评定标准及管理机制研究课题组抽样调查的15所高职院校中,"双师型"教师具有副高及以上职称的教师仅占19.44%,初级职称和无职称者占50.35%。高级和初级比例的严重失调使得高职院校的教学质量和执教水平都难以得到保证,高等职业教育培养高质量专门应用人才的需求也难以得到满足。

(四)学历层次普遍不高

高层次人才的数量和质量是衡量师资队伍整体素质的一项重要指标。教育部在关于加强高职(高专)院校师资队伍建设的意见中提出,到2005年,获得研究生学历或硕士以上学位的教师应基本达到专任教师总数的35%。但就现有资料显示,云南省的10所高职院校的"双师型"教师中,专科学历教师已经不多(4.47%),本科学历教师最多(74.12%),但研究生或硕士学位及以上的教师明显偏低(21.41%)。在2007年安徽省的一组调查数据中,"双师型"师资中具有大学本科学历占专任教师的85%,具有硕士及以上学历的教师仅占7.14%,距离教育部规定的合格(15%)和优秀(35%)标准尚有着较大差距。而与发达国家的高职教育教师学历要求相比,我国高职师资的学历结构问题更进一步凸显出来。例如,德国的职业学院教师均须达到硕士学位,英国要求其专职教师要达到硕士以上学位;在日本,在职教师多为硕士及博士,其学历要求均明显高于我国。可见,提升我国高等职业院校专业师资队伍的学历水平势在必行。

二、高职院校"双师型"专业师资队伍建设的培养有待加强

教师的成长和培养是建设一支高素质教师队伍的关键,直接关系到学校未来的发展。我国高等职业院校"双师型"专业师资培养起步较晚,当前的师资培养在职前培养、继续教育、培养资源等诸多方面的状况一定程度上尚未能适应高职教师专业化水平提升和高等职业教育快速发展的现实需求。

(一)职前培养机制尚未建立

教师的培养是一种制度化的活动。不同教育类型的教师有不同的培养特点,不同发展阶段的教师的培养也各有差异。在德国,高等职业教育的专业师资培养拥有一套完整的培养培训体系,而且采取严格的国家考试制度进行入口把关。就职前的培养可以分为两个阶段:

第一阶段是进入大学教育阶段,学习4～5年,选择一个主修专业和副修专业。学习内容包括职业技术学专业课程、普通文化课程以及社会科学、专业教育理论、教学实践课程,三部分的课时比例约为2∶1∶1,总课时约2300学时。这一阶段结束时,学生必须参加第一次国家考试,考试由各大学的考试委员会主持,内容包括职业教育专业(包括专业教学法)、普通教育副专业、考试资格论文、教育学(包括职业教育学)、心理学等。

第二阶段为考试合格者方能进入,即取得见习教师资格进入为期两年的教育实习阶段,又称为教育准备阶段。这一阶段,实习生不仅要继续参加大学研讨班活动,每周用1天时间去教育学院学习教育学、心理学等方面的课程,还要在指定的职业学校实习,完成相关教学任务。实习结束时,学生参加第二次国家考试,主要考核专业知识和教育教学能力、教育学、心理学、专业教学法、学校法以及公务员法等方面的内容。只有通过了第二次国家考试者方能获得教师资格证书,走上教学岗位。如此严格的培养过程,为德国职业教育打造了优质的专业师资队伍,奠定了教育教学高质量的稳固基础。而一直以来,我国高等职业教育的专业教师多为各类高校毕业生、企业技术人员等,来源多元化,且均为"半路出家",距离"双师"素质标准差距较大,问题较多。

应该说,我国专门化特色化的"双师型"教师的职前培养机制尚未建立起来,缺乏规范完整的师资培养计划,缺乏职业教育方向的师范教育。而这一职前培养机制的缺失已经严重阻碍了高职专业教师的专业化进程,使得"双师型"教师的职前培养缺乏最有效的渠道。

(二)继续教育机会远不充分

"双师型"教师的培养要求职业性、应用性,是一个长期习得的过程,需要提供充分的继续教育。仍以德国为例,德国以法律的形式规定,职业教师参加进修培训是一种必须履行的义务,即职业教师参加工作后,还必须接受称为"第三阶段的师资培训"的继续教育,这种教育有规范的激励措施、具体的操作办法和系统的进修内容。

然而,在我国,关于"双师型"教师是否有机会参与在职继续教育的问题上,调查结果并不乐观。"双师型"教师中,认为学校在培养或引进"双师型"教师后对其进行继续培养与培训的情况乐观的仅有13.43%,且与非"双师型"教师相比,认为培养培训机会"多很多"的仅占4.95%,"略多"的占9.54%。经常选拔"双师型"教师参加培训的学校只占20.84%,尚有20.24%的学校从未选拔教师参加各类培训。从上述情况可以看出,目前,高职院校"双师型"教师的继续教育工作并未做到位,培养培训机会远不充分。

(三)培养培训资源有待挖掘

充足的培养培训资源是"双师型"教师的培养培训顺利展开的基本物质基础。目前我国"双师型"教师的培养培训资源较为有限。首先,教材资源匮乏,难以满足教师素质提升的现实需求。一方面,现有教材多为上级部门统一规定,不能适应"双师型"教师的多样化需求;另一方面,一些学校尝试性的自编教材特色不够鲜明,实践性和实效性也很有限。其次,现有的基地设备资源陈旧老化,培训项目滞后,不能满足"双师型"教师实时进行职业技能实训的迫切要求。最后,在经费资源上,随着高等职业教育生源规模的不断扩张,基础设施不断告急,高等职业院校的教育经费已无暇顾及"双师型"教师的高额培训。这些资源的紧缺,使得"双师型"教师的培养培训质量远远得不到保证,更妄谈要满足"双师型"教师保持先进性和竞争力、实现专业化发展的需求。

三、高职院校"双师型"专业师资队伍建设的制度有待健全

随着学习实践科学发展观的深入,实施科学管理、人本管理,构建高效开放、充满活力的现代大学管理制度,已经成为推进大学事业科学发展的关键环节。在高等职业院校"双师型"专业师资队伍建设中,现有管理方面仍不可避免地存在着一些与高等职业教育办学目标和高等职业院校专业教师全面发展、专业发展不和谐的音符。

(一)师资管理体制不科学

诸多关于高职院校"双师型"专业师资队伍管理状况的调查资料显示,学校管理缺乏人性化的问题最为突出。一些院校至今仍旧实行"罚款式管理",以罚款为手段来管理和控制"双师型"教师的行为规范。重庆城市管理职业学院某专业课教师就提出:"对教师的管理不仅要有严格的规章制度,还应体现在对教师个性的理解和尊重,为教师提供实现自我价值的机会,满足教师的成就感。只有充分信任和尊重他们,创设民主、和谐、宽松的教学氛围,为教师提

供一个创造性发挥教育智慧的空间,才能最终实现教学管理的目标,才能使教学工作生机勃勃。"构建科学合理的"双师型"师资管理体制不是一蹴而就的事情,是一个不断调整和补充的过程。但这种人性化的诉求是教师的心声,是调动教师发展积极性和主动性的根本,也更是高等职业教育管理亟待改善的重要问题。

(二)兼职教师管理不规范

聘请兼职教师是提升高等职业教育教学质量,优化高等职业院校"双师型"专业师资队伍结构的重要途径。一直以来,"聘什么人为兼职教师""怎么聘""按什么比例聘"等问题受到广泛关注和探讨,然而"聘进来怎么管"的问题却被忽略。如今,重聘任、轻管理的现象逐渐暴露,并在一定程度上影响到兼职教师在推动高等职业教育发展中的积极作用的充分发挥。一方面,院校对兼职教师的聘任方式过于灵活,不受固定编制约束,没有全面的考核评审,往往只考察其实践能力,而对其教育教学等能力的把关不严或是不予重视;另一方面,兼职教师本身薪酬待遇高,且不脱离原工作单位,在没有具体的管理规范约束下,多数对教学工作重视不够,时间和精力安排有限,教育教学质量难以得到保证。

(三)职称评审政策不配套

有效合理的高职职称评审制度能够以竞争的形式促成师资资源的优化配置,为高职教育的高质量提供坚实的保障。当前,我国职称评审以理论教学、理论研究为考量重点,以研究水平和能力为考察指标,侧重于理论研究成果的达标,忽视了"双师型"教师的自身特色,即重应用性和技术性,在导向上有所偏差。

在这一职称评定体系的"指挥棒"下,"双师型"教师不仅要承担繁重教学任务,还要投入大量精力开展学术研究、完成论文和专著,往往无暇顾及专业实践活动和个人的专业发展。长此以往,不仅科研业绩成为"双师型"教师职称提升的瓶颈,影响其自身的职业发展,而且还将出现"双师型"教师"能讲不能做"的尴尬现象,不利于学生知识和技能的习得,不利于高等职业教育办学质量的全面提升。

（四）绩效评价制度不完善

绩效评价是合理配置人力资源的基础，是衡量各岗位人员是否胜任的标尺，也是实施激励措施的必要环节。而目前我国高职教育在对"双师型"教师胜任力的衡量评价上存在一定的缺陷。

其一，评价目的不明确。部分院校在评价时流于形式，主抓年终评价，并以此作为评奖评优的唯一依据。如此为了评价而评价，必然影响到对教师整体评价的全面和客观。

其二，评价指标一刀切。"双师型"教师与非"双师型"教师、专任教师与兼职教师等所属类别不同，其评价的指标也应有所区别，但现有评价指标实行"大一统"，对不同类别教师的考核体系无差别，有失公平公正。

其三，评价形式单一化。高等职业院校实施教师评价多是坚持定量评价和定性评价相结合的模式，其中定量评价即学术成果等硬性指标，基本固定，而定性评价主观性强，易受人为因素干扰，多成为考察教师与同事、学生之间人缘状况的"晴雨表"。

其四，评价结果无反馈。当前，诸多高等职业院校对"双师型"教师的评价成为事实性的"暗箱操作"，评价结果得不到及时的反馈，受评教师无从知晓自身的弱势与不足。这就直接导致评价在帮助教师提升绩效、素质、能力等方面的机制与作用得不到充分发挥。

（五）师资流动机制不健全

人才流动是人才在地区、行业、岗位等方面的变动。合理的人才流动是一个地区、一个行业、一个单位发展的动力和活力所在。同样，这种流动也是高等职业教育和高等职业院校发展的必要手段和措施。但调查资料显示，就湖南省某高职院校来看，从2000—2004年短短4年时间里，该校就有10名双师素质教师相继调入主管局机关或者省直公司，有5名教师调至其他学校，还有6名教师停薪留职或者辞职自办实体。高职"双师型"专业师资队伍的人才流动已经远不在合理的范畴之内，说其流失状况严重也不为过。

综观之，高素质"双师型"教师流失有其共通之处，即流失状况严重的往往多是经济欠发达地区的教师，多是中青年骨干教师，多为计算机、通信等与经济发展密切相关的热门专业教师，而且流失的教师基本是向着经济发达地区或经济效益更加优越的企事业单位而去。

除此之外,高等职业院校"双师型"师资队伍中还存在着潜在的、隐形的师资流失。这部分流失是指那些在校担任教职的同时尚有副业的"双师型"教师,他们往往将部分甚至是主要精力集中于非正式渠道进行的授课、提供咨询服务等能够增加经济收入的兼职活动之中。实践证明,这一问题已经成为高等职业教育发展道路上的"绊脚石",必须予以重视。

第二节　创新创业教育对师资队伍的素质要求

我国著名学者林崇德认为教师素质是"教师在教育教学活动中表现出来的,决定其教学效果且对学生身心发展有直接而显著影响的思想和心理品质的总和"。高职教育作为高等教育的重要组成部分,为生产、建设、管理、服务第一线培养高级应用型人才,这决定了高职教育师资队伍建设的特殊要求。它要求从事高职教育的教师不仅需要具有本专业扎实的理论知识和丰富的教学经验,而且必须具有较强的从事本专业对应职业的实际工作能力。高等职业教育所具备的素质应较普通高校教师更为广泛、多元与专门化。[①]

周谈辉教授曾就一个理想的职业教育专业师资所具备的素质归纳为以下9个方面:(1)专业精神与专业道德;(2)专业知识的能力;(3)专业技术的能力;(4)教学能力;(5)教材规划、设计与编制的能力;(6)教学测量与评价的能力;(7)职业教育的专业能力;(8)人际关系及技巧的能力;(9)上场与课堂管理的能力。

从矛盾的普遍性和特殊性关系来看,"双师型"教师是高职学院师资队伍的特色之一。高职学院的"双师型"教师除了应该具备普通高等学校教师的共性素质外,还应具备一些特殊的素质,理论与实践相结合及其教育转化能力等,其知识储备更为全面。综上所述,可以把"双师型"教师的素质要求归结为以下要求。

[①]葛茂奎.大学生创新创业教育与探索[M].长春:吉林出版集团股份有限公司,2018.

一、"双师型"教师的基本素质要求

（一）较高的思想政治素质

作为一名高职教师，要认真学习马克思列宁主义、毛泽东思想、邓小平理论、"三个代表"重要思想、科学发展观和习近平新时代中国特色社会主义思想，树立正确的教育观和终身学习的思想观；具有高度的责任心和使命感，引导学生树立正确的世界观、人生观、价值观，培养他们成为具有实用专业理论和较强实践能力的高等技术应用型人才。

（二）良好的职业道德素质

师德作为教师的职业道德，是一种道德的标准，更是一种制度的要求，师德水平的高低直接影响着所培养人才的质量，关系到高职教育的人才培养的成败。良好的师德除一般公民应遵守的道德规范外，还体现在对事业的热爱、对学生的关心爱护、对自己的严格要求。高职教育不能只向学生传授技术，还应培养学生具有良好的敬业精神、团结协作、责任心等品质，优良道德品质能使学生在将来的工作岗位上让专业技术技能发挥更大的作用。

（三）合理的知识体系

首先要有精深的专业知识和专业教师水平，只有专业基础知识牢固，专业技术熟练，及时了解专业发展动向，不断更新知识，在教学中才能及时把新知识、新方法、新成果介绍给学生。其次教师还要具有进行素质教育所需的一定的人文知识、社会知识和科学知识。在实施素质教育过程中，培养学生的语言能力、创造能力和自学能力等。最后还要有全面的教育科学知识。教师不仅要掌握教育学、心理学等教育基础理论，还要广泛学习课程、教材、教法和现代教育技术等理论，对国外的一些先进的职教理论、实践模式认真地消化、吸收、评判。只有这样，教师才能有效地教育学生，使学生的各种潜能得到充分发挥。

（四）较强的教育教学能力

教育教学能力是指教师应具有组织实施理论教学，指导带领实践教学的能力，包括与学生交流的能力、驾驭教材的能力、课堂组织能力、课堂表达能力。技术的进步、各种教学媒体的使用使教学手段、方法更加多样化。专业课

教师应尽量利用各种教学方法的优势,提高课堂理论教学和实训教学的效率,在有限的教学时间内增加信息的含量,将自己掌握的理论知识和专业技术技能有效地传授给学生。

(五)较强的科研教研能力

高职教育专业课教师应具备一定的科研教研能力,重视理论知识的研究、高新技术的开发以及在生产实践中的应用,对生产中的实际问题进行研究,提出方案进行解决,将理论研究成果尽快应用于实践,提高实践工作效率。另外,高职教师还应该重视进行教研活动的开展,探求更先进的教学方法,设计更为科学合理的学科知识体系,为高职教育的培养目标服务,为高职教育的更快发展做出贡献。

(六)全面的职业综合素质

教师职业综合素质包括教师的身体素质、心理素质、人文素质和创新素质。提高教师的综合素质是一个系统工程,需要从学校和教师两个方面共同努力。学校要营造综合素质培养的氛围,鼓励教师提高职业综合素质。另外,教师本人应充分认识到职业综合素质对自身进行教学、从事专业技能操作的重要性,并投入一定的时间和精力来学习和充实自己的职业综合能力。

二、"双师型"教师的特殊素质要求

(一)熟练的专业技能和实践能力

这是"双师型"教师应具备的第一个特殊素质。高职院校培养的是服务于生产、建设、管理第一线的应用型人才,教学内容既包括客观的专业技术理论知识,也包括主观能动性较强的经验性知识和技能。

因此,高职教师首先应当掌握与所授理论课程相当的专业职业技能,了解掌握新的技术和工艺。其次,教师不仅要有一定的行业和职业的基础知识,还要有工作经验和工作阅历,即教师的知识结构中要有经验性知识和实践工作经历。例如,建筑工程类的教师要有现场施工的经历和能力;工商类专业的教师要有商业、管理和贸易的实践经验和资历等;汽车维修专业的教师要有机械技术等方面的专业技能和工作经验。

（二）理论与实践结合及其教育转化能力

"双师型"教师既是从事教育教学活动的专家，又是从事行业职业实践活动的能手，更重要的是他们能将行业职业知识、能力和观念融合于教育教学过程中。因此，"双师型"教师必须具备丰富的专业基础理论知识和实践操作能力，具备把行业、职业知识及实践能力融合于教育教学过程的能力。教学中能够关注行业发展变化趋势，了解相应工作岗位对从业人员的能力素质的要求和变化，及时调整和改进教学培养目标、教学内容，运用先进的教学方法、教学手段，注重够用理论知识的传授和实践技能、综合能力的培养，进行专业开发和改造。

3.社会交往、组织协调和综合管理能力

"双师型"教师既要校园内的交往与协调，又要与企业行业从业人员交流沟通，还要组织学生开展社会调查、社会实践，指导学生参与各种社会活动、实习等。"双师型"教师的接触面广，活动范围大，交往和组织协调能力就尤显重要。在具备良好的班级管理、教学管理能力的同时，更重要的是具备行业管理能力，懂得行业管理规律，并能指导学生参与行业管理。

4.就业指导与创业教育的能力

就业指导和创业教育是职业教育的一项重要内容。加强对学生就业指导和创业教育既是从非国有经济的迅猛发展和知识经济社会产业结构和就业结构变化加速这一特点提出的，也是从我国劳动资源和人才资源供大于求的现实来考虑的，更是高等职业教育自身的特点所决定的。从功能上看，高职教育不仅担负着学历教育的任务，而且担负着职业培训的任务，因而，其职业性更为明显。

由此可见，高职教师应具备就业指导与创业教育的能力。教师要根据学生的身心特点、家庭情况、就业需求和学生成绩等方面的具体情况，帮助学生选择相应工作和创业方向。"双师型"教师应具备的特殊素质，构成了"双师型"教师素质的基本内核。

第三节　基于创新创业教育背景下教师胜任力模型的构建

有关胜任力的研究近年来成为人力资源管理等学科领域的热点问题之

一。对于高校教师胜任特征的研究,国内已有一些文章发表。如王显、戴良铁等(2006)指出高校教师胜任特征包括以下七个结构维度:创新能力、获取信息的能力、人际理解力、责任心、思维能力、关系建立、成就导向。宋倩(2006)构建的高校教师胜任力模型包括认知胜任特征、人际互动、成就特征、接纳特征、师德特征、知识技能六个维度。胡晓军(2007)提出新时期高校教师胜任特征的结构模型包括知识、能力、人格三个维度。

虽然,目前国内关于高职院校教师胜任力的研究不多,但有学者对高职教师教学能力的构成进行了研究。如马必学、石芬芳基于教师团队的组织层面提出高职教师教学力的概念。认为教学力包含高职院校教师团队的自主学习能力、课程开发能力、专业教学能力、技术实践能力、技术开发与服务能力以及这些能力与教师参与的教育、教学、科研等实践活动有机结合、相互促进、共同形成的综合实力。其中专业教学能力是高职院校教师教学能力结构的核心。

高职的教学是从行动领域到学习领域再具体到学习情境下的教学活动,客观上要求教师具备的专业教学能力有:(1)能将专业教学与典型的职业行动(工作领域)有机整合的专业教学项目设计能力;(2)职业教育方法的运用能力,教师须熟练运用适应职业教育特点的教学方法,如项目教学法、情境教学法、案例教学法、角色扮演法、仿真教学法等;(3)教学环境的运用与创设能力;(4)与企业沟通协调组织教学的能力;(5)指导学生专业实践的能力;(6)教学评价能力。

高职院校教师的胜任力与高职院校教育的定位和人才培养目标具有密切的关系。高等职业教育在整个高等教育体系中具有独特的定位,即:高职院校教育具有高等教育和职业教育的双重属性。高等教育的属性要求其所培养的学生必须具有与高等教育相适应的基础理论和专业基础知识,为学生能力、素质的培养和今后的持续发展打下基础;职业教育的属性要求其所培养的学生必须获得一定的职业技能,能把工程图纸转化为实物,把决策、设计等转化为直接的生产力形式。教育部在《关于全面提高高等职业教育教学质量的若干意见》(教高〔2006〕16号文件)中指出:高职院校教育的人才培养目标是培养适应生产、建设、管理、服务第一线的高等技术应用型专门人才。

社会的高级人才分为学术型和应用型两大类,普通高等教育培养学术型人才,注重培养学生的研究能力,强调学科体系的系统性与严密性,强调其理论形态;高等职业教育培养高端技能型人才,注重培养学生的实践、应用能力,利用已经发现的规律、定理为经济社会提供直接服务。可以说培养高端技能型人才是高等职业教育的根本目标,也是高等职业教育作为一种教育类型区别于普通高等教育,作为一种教育层次区别于中等职业教育的特征。它既不同于普通高等工科教育培养的理论型、设计型人才,也不同于中等职业教育培养的技能型人才。

为了实现这一培养目标,高职院校教育要求以能力为中心设计课程体系和教学内容。在教学形式上,不仅要有一定的理论教学,使学生掌握基本理论与基本知识,更要有大量的实验、实习、设计、实训等实践教学,培养学生的综合职业能力。一般各类实训教学环节的比重要达到40%以上,要求学生毕业后便能顶岗工作,适应期很短或不需要适应期。

高职院校教师的主要工作内容包括:(1)负责选用符合课程教学大纲要求的高质量、有特色的教材及教学参考资料;(2)负责课程的主讲、实践教学、辅导、答疑、批改作业(含实验报告)、考核等环节的组织实施与质量管理;(3)负责课堂纪律的管理,维持正常的教学秩序;(4)指导实验实习教学、课程设计、毕业设计;(5)组织指导生产实践、社会实践和社会服务。

第七章 创新创业背景下高校人才培养的教学方法与科学评价

第一节 高校创新创业教育的教学方法创新

为了适应现代社会的发展,培养适应社会需求的高素质人才,大学教育必须改革传统教学中以教师为中心的"填鸭式"教学方法,在教学中广泛吸收和应用现代化教学方法或采取现代化多媒体教学手段。教学方法的革新,是提高教学质量的关键。以优化教学效果为核心,以促进学生学习能力提高为宗旨,改革传统的、旧的教学方法,大力推行先进的教学手段和方法。在"创新创业+"的教育教学改革过程中,更要特别重视教学过程的教学方法和考核方式的转变,过去教师"满堂灌"的传统方式已不能满足高职院校的人才培养需求。学校应积极采取措施,如开展各类教学方法的研讨活动,广泛开展启发式、讨论式、翻转课堂等的参与式教学,开展"以训带学、以研促学、以赛助学",将学生带入教师的科研课题中学习,带入各类大赛里学习,注重培养学生的批判性和创造性思维,激发创新创业灵感,根据不同的学生需求开展分类分层学习,充分利用现代信息技术开展在线学习,鼓励学生自主学习,并创造条件将学生参与的各类活动和在线学习、自主学习纳入学业成绩考核中等。同时须改革学生教学评价模式,建立新的教学质量评价体系,改变传统的"以理论考试成绩为主、以期末考试成绩为主、以任课教师评价为主"的评价模式,建立以"培养学生综合素养和职业能力"为主线的人才培养模式。评价模式的改革,有利于树立全面的"人才观",有利于推动"教学模式"的改革创新,有利于推动人才培养模式的改革创新等。①

---

① 单林波.大学生创新创业思维与方法研究[M].北京:中国商务出版社,2020.

一、"教案"变"学案"模式

"学案导学"是以让学生学会学习、学会创新为宗旨,打破过去只以教案教学的常规。以学案为载体,通过"先学后教,问题教学,导学导练,当堂达标"让学生直接参与、亲身体验和感悟知识形成的过程,探索发现问题、解决问题、形成结论、创新知识程序和方式方法。在整个教学过程中,教师不是"授人以鱼"而是"授人以渔";不是奉送真理,而是教学生真理。这种做法,划清了传统教育与现代教育的界限,对于培养学生的创新精神和创新能力具有重要意义。"学案导学"是以"学案"为载体、"导学"为方法、教师的指导为主导、学生的自主学习为主体,生、师生共同合作完成教学任务的一种教学模式。通过学生的自主学习,培养学生的自学能力,提高教学效益,让学生真正学会学习,成为学习的主人。

学案导学的一般过程如下。

(1)教师编"学案"。教师对学案的设计,应从教材的编排原则和知识系统出发,对课程标准(大纲)、教材和教参资料以及自己所教学生的认知能力和认识水平等进行认真的分析研究,合理处理教材,尽量做到学案的设计重点突出、难点分散,达到启发和开拓学生思维、增强学生学习能力的目的。

(2)学生自学教材。完成学案中的有关问题是学案导学的核心部分。它要求教师将预先编写好的学案,在课前发给学生,让学生明确学习目标,带着问题进行预习。同时,教师在学生自学过程中应进行适当辅导。

(3)讨论交流。在学生自学的基础上,教师应组织学生讨论学案中的有关问题,对教学中的重点、难点问题引导学生展开讨论交流,形成共识。而学生在讨论中不能解决或存在的共性问题,教师应及时汇总,以便在精讲释疑时帮助学生解决。

(4)精讲释疑。精讲释疑就是在学生自学、讨论交流的基础上,教师针对教学重点、难点及学生在自学交流过程中遇到的问题,进行重点讲解。

(5)练习巩固。练习的设计应紧扣本节课的教学内容和能力培养目标及学生的认知水平。练习题要求学生当堂完成,让学生通过练习既能消化、巩固知识,又能为教师提供直接的反馈。教师对练习中出现的问题应及时发现,给予指正,做出正确的评价。

　　"学案"可分为学习目标、诊断补偿、学习导航、知识总结、当堂达标测试5个环节。

　　学习目标：目标的制定要树立"一切为了学生发展"的新理念，针对本节的课程标准，制定出符合学生实际的学习目标。目标的制定要明确，具有可检测性，并与本节当堂达标题相对应。

　　诊断补偿：首先，设置的题目重在诊断和新知识有联系的旧知识的学生掌握的情况，目的是发现问题后进行补偿教学，为新知识的学习扫清障碍；其次，有利于导入新课，激发学生的学习兴趣。

　　学习导航：学案设计思路：(1)树立"先学后教"理念，学案要以"学"为中心去预设。主要解决学什么、怎样学的问题。(2)教师在设计本部分内容时，要用学生的眼光看教材，用学生的认识经验去感知教材，用学生的思维去研究教材，充分考虑学生自学过程中可能遇到的思维问题。(3)给学生充分的学习时间，每个知识点学完后，要配以适当的题目进行训练，使学生理解和掌握所学知识。

　　知识总结：当堂形成知识网络，及时复习，力避遗忘。最好是学生自我总结。

　　当堂达标测试：紧扣本节课的学习目标，选择能覆盖本节课所学内容的题目，对学生进行达标测试，以查看本节课学生的学习效果，并针对学生反馈情况及时进行补偿教学；难度不可太大，以考查知识的掌握及运用为主。

　　强化学生的自学行为，充分发挥学生的主体作用，通过引发、诱导、启迪、导学、导练，把学生由听众席推向表演舞台；让学生在动眼看、动脑思、动耳听、动口说、动手做的过程中，参与知识创新的过程，自我领悟知识的内涵，从而牢牢地掌握知识，学会学习，学会创新。在广泛学习中外现代教学理论的基础上，密切结合本校教学实际，创新性地构建"自主探究，学案导学"课堂教学模式。使用学案改革教案，变以教师为中心为以学生为中心，变重知识传授为重能力发展，学案导学教学模式是对传统教学方式的一次本质意义的革命。它以学生的自学信息反馈为依据，以师生互动为载体，以发现问题、自我探究为主线，以学生的多种能力的养成为目标，注重对学生进行学法指导和学习策略教育，有效地弘扬了学生的主体性，体现了现代教育的特征。

二、"网络环境下的自主课堂"——蓝墨云班教学模式

蓝墨云班课是一款可以供广大高校教师和学生在计算机上使用的教学工具。利用蓝墨云班课,教师可以提升与学生的沟通和互动效率,开展微课或翻转课堂教学。蓝墨云班课还可以让课堂变得更加生动有趣,任何移动设备或PC上,都可以轻松管理自己的班课、管理学生、发送通知、分享资源、布置批改作业、组织讨论答疑、开展教学互动。

学校充分利用师生的"自带设备",积极探索移动互联网环境下课程教学的新模式、新方法。开发私播课课程,利用蓝墨云班课移动教学助手开展线上线下相结合的混合式教学。"线上"学生自定步调完成基础知识学习并参与讨论、参加自测;"线下"在教师的引导下,学生通过小组讨论、演讲汇报、场景模拟等实践教学。通过挖掘学生学习行为的大数据,加强对学生的学业预警和过程性评价。开展混合式教学既有利于因材施教,促进学生的个性化学习,又培养了学生的团队合作精神,使其在轻松有趣的环境中学习知识,发展能力;教师信息化教学能力也不断得到提高。

线上自主学习活动具体实施过程如下。

(1)通知发布:通过蓝墨云班课的通知功能发布学生课前自主学习任务,并且预告课上学习活动内容,以便让学生做好充分准备。

(2)资源上传:将学生自主学习资源上传至蓝墨云班课,包括教学课件、教学视频、扩张资源、自主学习任务单等。

(3)讨论答疑:学生自主学习后,师生、生生在蓝墨云班课讨论答疑区进行同步或异步的讨论交流、解决疑惑、加深理解。

(4)课前自测:学生自定步调完成自主学习后,前往蓝墨云班课测试区参加课前自测,了解自己对自主学习知识的理解和掌握程度。

(5)敦促监控:利用蓝墨云班课的大数据分析功能,了解学生课前自主学习的任务完成情况,敦促没有学习资源或没有完成任务的同学完成课前自主学习。

(6)归纳反馈:学生通过自主学习和讨论交流,归纳课前所学,并且反馈仍然存在的困难和疑惑。

线下课题学习活动包括以下几点。

(1)利用蓝墨云班课的调查问卷活动开展与课程主题相关的问卷调查,让

学生对调查结果进行小组讨论并形成总结。

（2）头脑风暴：让学生利用蓝墨云班课的头脑风暴功能列举所学知识点，一方面可以训练学生的理解能力，另一方面有利于学生的思维训练。

（3）汇报展示：学生对小组讨论的成果进行汇报，同时可以开展小组互评或教师评价。

（4）课堂反思：一堂课结束后让学生利用蓝墨云班课头脑风暴功能反思归纳本堂课所学，具体包括学到了什么，有什么疑惑的，印象最深刻的是什么等。

蓝墨云班教学的优点如下。

讨论答疑：在使用蓝墨云班课进行教学的过程中，讨论答疑贯穿教学的整个过程，突破时空限制，实现任意时间、任意地点的学习。

学习效果：（1）学生学习行为发生了变化，蓝墨云班课的学习预警功能和经验值功能，使得学生积极地去学习提供的学习资源并参加老师开展的各种教学活动；（2）学生体验，由传统的教师讲授为主的课堂转变为以教师为主导、以学生为主体的教学，并且课堂活动丰富，学生体验到了学习过程的乐趣。

学习成效：通过半个学期的实践，学生课堂变得越来越积极活跃。

第二节 高校创新创业教育的科学评价

一、影响大学生创新创业培养的因素

根据当前我国大学生在创新创业素质培养中存在的问题及查阅相关文献资料，进行分析汇总可以得出影响大学生创新创业培养的因素。大学生创新创业能力受到诸多因素的影响，大致可以从五个维度体现，即自身的特质和能力、家庭条件、高校培养制度、政府制度、社会环境。但是从高校视角对大学生创新创业能力培养的影响因素主要体现在学生自身的特质和能力、高校培养制度、政府制度和社会环境4个方面。

（一）学生自身的特质和能力

1.创新技能

大学生作为创新创业群体中具有创造力的一部分主力军,是进行能力培养的主要对象。就其个体因素而言,主要包括其拥有的创新技能、创业品质和创业潜质三个方面。创新是推动社会发展的动力,意味着创造能力。创新技能主要是针对创造力而言,因创新能力的思维创新等方面是大学生创业能力形成的基础支撑,所以大学生在进行创业活动前必须要加强创新技能的培养。

2.创业潜质的影响

创业潜质主要是一个人潜在的特征,指的是创业动机、自我分析能力两方面。创业动机是促使大学生创业行为的驱动力,也是其自身专业能力的体现。自我分析能力注重的是大学生在创业前期对自己创业能力的评估,正确认识自身拥有的内在条件和外在条件,如毅力、责任心、人际交往能力等,有助于他们将来能将理论更好地运用到实践中去。

3.创业者个人特质

针对大学生本身拥有的特质而言,大学生在日常生活学习中形成的世界观、价值观、接受的教育培训、主动进取的精神是促使大学生创新创业的潜在影响因素。

(二)高校培养制度

1.创业教育的产生

大学作为高等人才的培养基地,高校创新创业教育是为大学生提供专业知识、创业机会,塑造大学生创业能力的场所。从目前的学校教育发展趋势来看,创新创业教育的地位处于逐渐上升的状态,国内许多学者对创新创业教育逐步完善的研究为大学生创新创业提供了坚实的理论基础。

2.课程设置

科学合理的创新创业培养课程设置是创业教育开展的基础,然而我国应试教育的主导地位导致较多高校仍然关注基础课本里面的知识传授,创新创业课程处于相对滞后状态。有效的创业课程开展可使大学生在课程上更加注重和了解创新创业的内涵,明确创新创业能力的需求。

3.创业社团

社团是存在大学之中的团体,创业社团的开展对于具有创业想法的大学生有更强的针对性,大学生们在创业社团中可以寻求到有着共同创业想法的人,并且可以通过参与创业社团的各类创业活动锻炼和提升自己的能力。创业社团也可以此方式凝聚更多对创业有见识的人才。

4.创新创业活动

高校应大力普及创新创业知识的讲座,通过传播国内外、校内外创业成功的经验,有效激发大学生对创新创业的激情,并积极开展创业竞赛,为大学生创业创造良好的氛围。

(三)政府制度

1.开展创新创业大赛

政府作为协调社会政治、经济和文化发展的机构,在大学生创新创业能力培养中起着至关重要的作用,创业大赛的开展是大学生面向社会了解创业活动的有效途径。通过创业大赛,让学生能够清楚认识到自身所具备的创业能力和自身的优势,减少大学生在创新创业过程中的盲目性,逐步加深大学生对创业活动的了解,并在比赛过程中锻炼学生解决问题的能力。

2.相关制度及配套建设

政府对大学生创新创业的重视及制定的相关制度和为大学生提供良好的条件,有助于大学生创新创业能力的培养。同时,在政府的号召下,各种创业园应运而生,为大学生创新创业方面的实际操作提供了有效平台,有利于提高大学生的实践能力。

3.创业基金体系

创业过程中所需的资金是必备资源,政府提供创业基金体系,在很大程度上为大学生创业解决了难题,提升了大学生创业的意愿和动力。

(四)社会环境

1.社会媒体的作用

加大媒体对大学生创新创业的宣传,通过介绍其创业过程和经验,对创业成功人士进行报道,可以让大学生在创新创业过程中逐渐形成创业的自我认识和风险意识。同时,大学生可以借助社会媒体来掌握市场动向,增强对创业环境分析的能力。

2.企业的参与指导

在创新创业活动过程中,企业的有效参与能够更加直观地给大学生提供信息导向,企业的生产、运营、团队合作、沟通协调能力能够为大学生创业提供借鉴意义,进而能够在一定程度上弥补自身的不足。

二、构建科学的人才培养评价体系的作用

(一)人才资源是第一资源

人才问题是关系国家发展的关键问题。当今时代,一个国家能否跻身世界前列,能否在激烈的国际竞争中立于不败之地,根本的决定因素不是资金的多少和自然资源的贫富,而是人才,特别是高层次的跨学科创新人才。跨学科创新人才已成为21世纪高等教育的战略目标和重点,所以提高人才培养质量是当前高校教育教学改革的核心任务。[①]

跨学科创新人才培养方向和跨学科创新人才培养模式成功的关键是建立科学的人才培养评价体系。高校现行的人才评价体系存在诸多问题,不利于人才的培养,必须对现行高校人才培养评价体系进行改革,建立科学的人才培养评价体系。构建科学的人才培养评价体系,有利于真实地测评出高校的人才培养质量;有利于学校找准人才培养存在的问题与不足,明确努力的方向;有利于提高人才培育质量,真正地使人才培养评价工作达到"以评促建设,以评促改革,以评促发展"的目的,促进高等教育朝正确的方向发展。

(二)达到人才培养的终极目标需要构建完善的评价体系

如果没有完善的评价体系,各校自行其是,就很难做比较;如果没有完善的评价体系,创新创业教育就会流于形式;如果不规范评价内容,创新创业教育就会被边缘化。有了体系构建,才能引导人们去认同创新创业人才培养是神圣使命,是人才培养的终极目标。新的教育理念提醒我们,高等院校培养的学生不仅是就业者,更应是工作岗位的创造者;不仅是历史的传承者,更应是现实的改良与革新者,是未来的开拓者。在学生身上培养创新意识和创新精神,培养他们运用或开发新方法、新技术、新工艺、新产品的能力,要让他们充分认识到这些都必须通过创业来落实,创业素质是他们基本的必备素质。

对施教者而言,只有通过评估才能理解施教者创新创业教育的理念,才能检测施教者的行动是否为受教育者未来着想,是否能通过创新创业教育使受

---

①戚雪娟,杨景胜."互联网 +"背景下大学生创新创业研究[M].北京:中国原子能出版社,2018.

教育者具有开拓创业渠道、把握创新机会、显现创业才干的能力,才能最终达到创新型、创业型人才培养的终极目标。

(三)体系构建是提高学校核心竞争力的需要

评价体系一经确定,实际上就是"指挥棒",使评价发挥定向作用,各校将创新创业人才培养的评价体系作为行动的指南,就会重新审视原有的培养计划、课程设置、教学方法、活动内容与形式、环境氛围、设备条件、师资质量等,促进学校的各项改革。

高等院校高层次的竞争参照物不是"人才进口"的质量,而应是"人才出口"的质量,"出口"好就能带动"进口"好。在学生毕业的一定时间内评价"创业率",评价"创新绩效",就自然显示出各高校的竞争力和影响力。

三、构建科学的人才培养评价体系的基本原则

构建科学的人才培养评价体系的前提是确立正确的人才培养基本原则,构建科学的人才培养评价体系必须把握以下基本原则。

(一)全面性原则

跨学科创新人才的培养是一项系统工程,其培养要求的多面性和综合性要求我们在评价过程中要进行全方位、全过程的评价。因此,相应的人才培养评价体系构建不能遗漏评价对象的任何重要的或基本的方面,要系统地评价人才各方面的素质和能力。应从大学生的知识、能力、素质等方面着手测评,采用诊断性评价、形成性评价和结论性评价相结合的方式,以达到人才培养评价的系统性。因此,要坚持学生全面发展的观点,根据系统科学原理,统筹策划、科学运作,充分发挥全方位培养跨学科创新人才的功能。

(二)科学性原则

遵循人才培养规律,坚持实事求是的态度,并按照科学的要求确定评价标准,合理采用评价手段,保证评价结果的真实性和准确性。在评价过程中严格根据评价标准规范地开展评价工作。要运用定性和定量相结合的方法,抓住本质性的问题,就其主体进行评价,不能以偏概全,确保评价结果能够有效地指导交叉学科教育沿着健康、持续的发展道路前进。

（三）客观性原则

要坚持从实际出发，以事实为依据，不主观盲目臆断，客观公正地进行人才培养评价，做到评价标准客观，不带随意性；评价学生要客观，不带偶然性；评价态度要客观，不带主观性。

（四）差异性原则

人才培养评价要考虑学生个体之间的差异和学校之间的差异。第一，由于个体之间在兴趣、爱好、观念、思维方式、知识结构和知识水平等方面呈现多元化的特点，相互之间存在差异，所以，人才培养评价要充分考虑个体之间的差异，考虑学生个体发展的客观情况，应把学生现在取得的成绩与其起始水平相比较，考核评价其进步程度，不能搞"一刀切"，不能以一种标准考核评价所有学生。第二，人才培养评价要针对不同类型的学校和不同经济发展水平地区的学校的办学水平，制定不同的人才培养评价指标体系，使人才培养评价做到客观公正，并起到分类指导、典型示范的作用。

（五）实践性原则

知识学习很重要，间接经验的学习也很必要，从学生成长角度来分析，探索知识的过程比告知结论性的知识更可贵。实践是创新的源泉，也是人才成长的必由之路。人才培养评价内容和评价标准必须贯穿"创新能力源于实践、服务于实践"的思想，既要考核学生知识的掌握程度，也要考核学生的实践能力，还要考核学生运用理论知识解决实际问题的能力，特别是运用跨学科知识解决综合性问题的能力。

（六）导向性原则

评价指标体系反映全面发展的教育目的和教育改革方向，一经确定，实际上就成为"指挥棒"，为高校人才培养发挥导向功能。学生学习能力、创造力的培养，在相关的指标体系中应设置具体项目，明确应达到的程度和要求，给予相应的权重，并通过评价机制的反馈作用，发挥导向功能，这种导向功能在人才培养过程中，会对学生起到一定的激励作用。要正确运用评价的导向功能和激励作用，在教学中支持学生的求新、求异、质疑和克难的精神，鼓励学生在成长过程中不断探索新的知识，使人才培养评价成为培养学生创造力的推动力。

四、创新创业素质培养评价的目标和主体

（一）评价目标

创新创业教育是一种素质教育，素质教育的定位要求我们面向全体学生进行广泛的创新精神和实践能力的培养，培养学生的创造思维能力、辨别能力、预见能力、风险意识和心理素质，创新创业教育的内涵不仅局限于使人才将创新能力用于创办和经营某家企业，更应该是对学生知识、技能、综合素质乃至个性的培养和提升。从创新创业教育的内涵来看，创新创业人才培养质量的评价归根结底要落实到学生创新能力、实践能力、创造能力、就业能力、创业能力等方面，要体现出学生素质的提升与变化，指引高校人才培养的方向。同时，创新创业型人才质量评价应具备良好的引导和激励功能，被评价者能够自觉运用所认可的评价指标和内容来调整个人行为，从而达到鼓励学生在感兴趣的领域自由发展，深入挖掘学生潜能的目的。

（二）评价主体

要科学、合理地评价创新创业型人才培养质量，我们需要建立教育行政部门指导下的多元化评价主体，以此来保证创新创业型人才培养质量评价的客观性和公平性，保证人才培养活动的协调、均衡发展。同时，多元化评价主体在人才培养质量评价中的广泛参与也能够调动其在人才培养过程中的积极性，确保其在人才培养活动中的主体性地位。本章所涉及的评价主体主要有指导性评价主体、过程性评价主体和结果性评价主体。指导性评价主体的确定。指导性评价主体是指在人才培养质量评价活动中起指导性作用，占据主导地位的主体。根据《中华人民共和国高等教育法》的规定，教育行政部门对学校教育质量具有监督权，把握国家高等教育发展的方向，从整体全局的角度审视高等教育人才培养活动的合理性和统一性，在创新创业型人才培养活动中起重要的指导性作用。

过程性评价主体的确定。过程性评价主体是指参与创新创业型人才培养活动过程的主体。在创新创业型人才培养活动中，教师和学生是创新创业型人才培养活动的直接参与者，过程性评价主体主要指的是教师和学生。教师是教学活动的引领者，在日常的工作中担任参与学校创新创业型人才培养的重要角色，对整体人才培养活动有最真实和具体地了解，将其作为评价主体可

以确保人才培养质量评价的专业性、具体性和真实性。同时,学生作为创新创业型人才培养的对象,是教师教学活动的直接体验者和感受者,是体现创新创业型人才培养质量的载体,因此,学生也应作为创新创业型人才培养质量评价主体之一。通过参与人才培养过程的教师、学生等作为主体来评价创新创业型人才培养质量,学校能够从他们身上得到更为真实有效的人才培养的评价、反馈,更好地促进高校创新创业教育的发展。

结果性评价主体的确定。结果性评价主体是指承担创新创业型人才培养活动结果的主体,主要包括社会评价、用人单位、家长等。创新创业型人才培养质量的承担方作为评价主体,可以保证评价的多元化与公正化,客观及时地反映人才培养目标与社会需求的一致性程度,有利于学校根据社会需求及时调整人才培养目标,进一步提高人才培养质量。

第三节 创新创业背景下人才培养模式评价体系建设

一、创新创业人才培养的评价标准

创新创业人才的培养具有不可知性和实践性。国际劳工组织的 KAB 创业课程将创业定义为"创业就是开创自己的企业"。但对受教育的个人而言,开创企业的行为明显要在接受创业教育之后。众所周知,受复杂的经济和社会因素的影响,即使一个人受到良好的创业教育,理论成绩非常优秀,其创业活动也有可能会失败;反之,亦然。这就说明创业有不可知性,因而我们在进行创新创业人才培养,对教育的结果进行评价时,不能使用以往的唯成绩论。

培养创新创业人才,对高校而言,具体实践就是开展创业教育。目前,各级各类高校都非常重视创业教育。许多高校研究甚至把创新创业人才的培养融入学生日常的课程中,并定期对授课教师进行创新创业课程的培训。一些高校还建立了自己的创业教育培养体系,专门为大学生创办了创业园区,教育学生如何开创自己的企业,实施创业教育的各项指标。我国高校虽然创业教育实施的时间不长,但也积累了一些经验,对创新创业人才培养有了初步的认识。培养创新创业人才是高校在今后发展中必须重视和实践的一项具体工作。目前,缺乏的主要是对创新创业人才培养的评价标准。创新创业人才培养目前的评价标准是由多种标准组合而成的一种评价体系,主要从四个方面进行评价:理论知识、实践能力、创新思维和创业能动性。[①]

(一)理论知识

一个人的理论水平即使很高,也有可能创业失败,其原因很复杂,但我们不得不承认,有高深创业理论水平的人,其创业成功率比没有的人要高得多,这就充分说明了创业理论知识的重要性,可以说是创业活动的基石。创业教育的理论知识是唯一可以量化的评价标准,这也是大部分高校采用的最主要的评价标准。只有充分掌握了创业的理论知识,才能更好地将之付诸实践,并取得创业的成功。这一评价标准为大部分高校所采用,其原因主要是评价的方法简单易用,主要用试卷的形式对学生进行知识考核,检验其对理论知识的掌握程度或在虚拟环境中运用知识的能力。理论知识的评价可以大致量化学生对创业教育的了解程度,在一定范围内是可取的。

(二)实践能力

实践能力也是形成评价标准体系中的一部分。这一评价的标准相较理论知识而言,运用范围相对较小。这和其特点是分不开的。实践能力的评价主要是指学生运用所学知识,在社会上进行创业实践,以其最终的实际业绩或取得的社会评价反馈来确定的评价标准。实践能力因为涉及具体的操作,所以受外部的影响很大,操作起来比理论知识的评价难度要高。很多没有相关条件的高校都没有进行实践能力的评价,而一些有大学生创业基地或孵化园的高校,往往利用这一便利条件,鼓励学生进行创业实践,并利用实践结果对创业教育进行评价,因为实践能力结合了理论与实际,可信度更高,评价的结果也更客观。

(三)创新思维

创新是创业活动的启明星,在千变万化的创业活动中,创业者难免会遇到瓶颈,只有利用思维的创新,用崭新的思路来思考问题,才能带来新的启示,最

[①]詹跃明,夏成宇.大学生创新创业基础[M].重庆:重庆大学出版社,2018.

终获得成功。由于创新思维是一种主观的意识,很难用数字去界定,这就给我们评价标准的制定带来一定的难度。但可以利用一些比较成熟的心理学上的技术,如心理测试,研究出专门用于测量人的创新思维的测验,用于界定评价标准。

(四)创业能动性

创业能动性是一种主观的评价标准,往往容易被人所忽视。创业能动性是指对创新创业有着强烈而持久的冲动,保持长期的热情,即使面对一系列的困难和阻碍,也不会因此而放弃,能够坚持到最终成功的主观能动性。创业能动性的评价不容易把握,但可以通过以下三种条件来评价:第一,是否能够忍受孤独、挫折甚至失败仍不放弃自己的事业;第二,是否对创业成功具有强烈无比的自信;第三,是否保持有长期的冲动来开创你的事业并长期发展下去。如果学生对上述问题都能回答"是",并且对这个答案能长期保持不变,则表明该学生已经具备了创业能动性的标准。

二、对创新创业人才培养评价标准体系的分析

创新创业人才培养的评价标准是一个相互联系、互不可分的综合体系。有研究认为,创业教育的理论知识是评价标准的基石,理论学习得越扎实,将来创造出的成果也就越多。实践能力是评价标准的深化,只有理论没有实践,完全是纸上谈兵,只有在实践中把理论付诸实际,才能更好地掌握理论、完善理论、修正理论。如果单纯以理论知识来评价,很容易犯片面性的错误。过去,高校通常以学习成绩作为考核学生的主要依据,而实践证明,以考试分数作为主要指标的人才评价体系,不仅在理论上不尽科学,而且在实际操作中存在片面性。创业教育应注重理论与实践相结合,更多地从实际出发,倡导以实际业绩与社会效果为主的人才评价体系。

客观上,只有注重理论和实践相结合的评价标准,才能真正培养出创新创业人才;主观上,创新思维和创业能动性的评价标准也是至关重要的,空有理论知识和实践能力,如果没有创新思维和创业能动性,那么将无法面对可能出现的一系列的挫折,从而导致创业的失败。从这个意义上来讲,创新思维和创业能动性是非常重要的评价标准,而且这些标准往往容易被忽视。创业教育的目的是培养学生创业的能力,这不仅需要学生具备一定的文化知识、科学道德素养,还要有解决问题的能力、事业心与开拓能力。目前,教育问题的具体表现就是大学生毕业后一时找不到工作,又缺乏创新创业意识和相当的技能,或没有魄力,那就只能等、靠、要。形成这种局面的原因有比较复杂的社会文化教育观念,但从学生个体来讲,普遍缺乏这种意识和相关的技能,是必须正视的现实。因此,我们必须反思现行教育体制中的弊端,使现有的以就业教育为培养目标的教育模式尽快地转变为以创新创业教育为培养目标的新型教育模式。

三、创新创业教育评价体系构成

首先通过查阅行业、部门或机构等相关规范、指南、标准文件,明确进行大学生创新创业素质教育评价目的和要求,初步确定创新创业素质教育评价指标体系的范围和内容,构建评价指标框架。按照创新创业素质教育内涵和特征及需要进行创新创业教育内容的评价,可以建立三个评价维度(学校层面、教学层面、人员层面)和六个一级指标(管理机构、保障制度、教学条件、教学体系、教师素质、学生素质)。

在维度设置后,通过对来源于 CNKI、SCI、EI、ASCE 等文献的阅读,在现有文献记录的基础上广泛收集大学生创新创业素质教育评价指标,并提炼出相对成熟和公认的指标,然后对提炼出的指标按目标和功能进行逐级归类。

采用专家调查法对于初步提炼出来的评价指标进行优化和选择,优化和选择的目的主要是检测指标的全面性、可测性及独立性,即检测指标体系是否包含了评价的各方面,是否能通过直接或间接的方式对指标进行评价,指标评价的内容是否存在重叠交叉,同一层次的指标是否满足独立性要求等。主要通过专家意见征询表,要求各位专家对初步提炼的指标体系进行筛选、补充和分析,具体方式是让专家对各评价指标进行打钩,对指标进行选择和补充,依靠专家的个人经验、知识以及综合分析能力对评价三级指标进行分析和筛选,形成较为合理的评价指标。

四、创新创业教育评价指标体系的理解

(一)管理层面

作为学校,只有为学生奠定良好的创新创业教育基础保障,创造浓郁的创新创业氛围,才可能有效地实施创新创业教育工作,获得丰硕的创新创业教育成效。其观测点包括六个方面:第一,学校是否突破常规,务实创新,转变教育观念,确立以人为本、面向社会、终身教育和培养创业型人才为核心的教育理念,并把培养学生创新创业素质放在学校工作的中心位置,将创新创业教育纳入工作议程;第二,学校是否采取形式多样的手段,积极营造创新创业教育的校园文化氛围与教育环境;第三,学校领导是否从培养创业型人才目标出发,进行总体规划,制订切实可行的创新创业教育工作计划与具体实施细则,做到目标明确、措施有力;第四,学校是否根据创新创业教育的需求,建立了一支全职、兼职等教师队伍,并不断优化师资结构;第五,学校是否根据教育经费的增长情况,确保创新创业教育经费的增加比例,并制定相应的奖励与监督制度;第六,学校是否建立校内外创新创业教育实验室、创新创业园、创业孵化基地和产学研合作基地,为培养学生创新创业能力素质提供直接、宽容的教育环境。

制度是否健全,管理是否到位,是创新创业教育工作的主要影响因素和重要体现。其观测点包括两个方面:第一,学校是否成立创新创业教育领导小组,设置独立或挂靠相关部门的创新创业教育管理机构,形成一个纵向的领导协调、横向的协同工作的管理网络。同时,设立专、兼职管理人员,负责组织实施全方位的创新创业教育工作。第二,学校是否制定了符合学校实际的创新创业教育管理制度,相关的制度执行与落实是否到位。

(二)教学层面

教学是落实学校创新创业教育培养工作的具体环节,是实现培养创新创业型人才的具体操作过程。其观测点包括4个方面:第一,学校是否根据专业特点建立了创新创业教育课程体系,并纳入人才培养方案及主干课程的教学大纲的编写;第二,不断优化创新创业教学内容,加强跨学科、跨专业的横向联系,实现文理渗透、互相交叉;第三,加强创新创业教育课程教学改革,创新性设计教学模式,贯穿专业实践教学、实验教学、专业实习、毕业论文(设计)与第二课堂的教学过程,同时与课内外学生的科技活动和公司企业实践锻炼结合起来;第四,是否形成具有本校人才培养特点的教学特色。

（三）人员层面

教师是实现创新创业教育的根本保障,其行为活动会对创新创业教育成效产生极为关键的影响。其观测点包括以下3个方面:第一,教师是否具有超前的教育观念,自觉积极开展创新创业教育活动。第二,是否能够运用合理的教学方法,创造健康有序、宽松和谐、开放高效、激励上进的创新创业教育课堂氛围。同时,注重专业教学渗透创新创业教育,使教学活动具有专业知识掌握和创业能力素质培养的双重功效。第三,是否通过团队或个人形式所获得科技创新成果、科研成果与获奖情况,对推动学校创新创业教育工作起到了积极的促进作用。

要结合创新创业型人才的素质结构,围绕创新创业教育的课程体系设置学生综合素质层面指标,这样才能合理考查学生专业教育和文化素质的水平,才能有效考评学生的创新能力、创业能力、实践能力、创造能力。创新创业型人才培养质量指标所涉及的知识,不仅包括个人获取的自然科学知识、社会科学知识、思维科学知识,还应包括创新创业知识和个人知识结构的合理程度。能力是完成任务、达到目标的必要条件,能力总是与活动联系在一起,只有通过活动才能了解一个人的能力。对创新创业型人才而言,要重点考查学生的创新能力、创业能力和实践能力,可选用的指标包括发表的论文、参与的课题、发明的专利、参加的社会实践、创业实践、实习等。对创新创业型人才而言,人才质量评价指标除了要考查基本的思想道德素质、认知水平,还要设置指标考评学生的创新素质、创业素质。创新素质和创业素质不是割裂的,而是相互交融的。创新素质可以围绕创新想象能力、逻辑思维能力、批判思维能力三个方面展开,创业素质中除了创新个性、创新意识,还应当包括心理品格、法律意识等。

五、创新创业素质培养评价体系使用及方式

（一）评价体系的使用

想要培养学生具备求异性、发散性的思维品质,需要对现有的考试制度进行创新与变革,也就是说创新创业型人才培养需要灵活多样的评价与考核方式。

在学业评价阶段,可采用开放式的方法对创新创业型人才质量进行评价,

要尽量减少标准化的考试评价,或在考试评价中尽量减少标准化的试题内容,增加开放式的评价方式或考核内容,用以充分激发学生的开放式思维。

目前,国内已有许多著名大学在创新创业素质培养评价体系考核方式和方法上做出了大胆尝试,如清华大学考试制度改革的试验,开卷考核的方式,40%的试题有标准答案,60%的试题没有标准答案,而没有标准答案的试题,主要考查的是学生理论联系实际及创新能力,没有对与错,只有好与不好之分。对于创新创业能力的评价,应设定专项学分,对各类创新型科技竞赛或进行的创业活动进行硬性规定,满足相关要求,方能取得有效学分。学生参加的社会实践、课题研究、设计的企业企划书、完成的论文等都可以作为创新创业的绩效以一定的方式得到认可。

创新创业型人才培养质量的评价方式应改变过去围绕教育部"指挥棒"和以教学大纲为命题依据的方式,在评价的形式、内容等方面更加不拘一格,鼓励学生向"质疑、奇思、创新"的求异方向发展,拓展非逻辑性思维,敢于独立性设计、创造性回答,在评价过程中应充分考虑学生的个体性差异,改变过去用一种模式、一种方式去评价每一个学生的情况,重视提倡学生的个性发展,培养学生敢于创新、敢于冒险的意识和胆量。

(二)评价方式

创新创业型人才往往具有求异性、发散性的思维品质,而要培养学生具备这种思维品质需要我们对现有的考试制度进行创新与变革,也就是说,创新创业型人才培养需要灵活多样的评价与考核方式。创新创业型人才质量评价方式,在学业评价阶段可采用开放式的方法,尽量减少标准化考试评价,或在考试评价中尽量减少标准化的试题内容,增加开放式的评价方式或考核内容,以此来充分激发学生的开放式思维。

第八章 创新创业背景下高校人才培养中政府保障机制

第一节 政府在高校创新创业人才培养中的角色和作用

政府是国家权力机关的执行机关,是国家公共行政权力的象征、承载和实际行为主体,其目的和功能就是提供公共产品和公共服务。由上述研究模型可知,政府、高校、社会是大学生创新创业发展体系中的三大影响因素,政府是其中的核心主导,起到决定性的作用,不仅通过施行政策影响高校的教育训练和社会外部环境,而且直接或间接提供公共产品和公共服务支持大学生创新创业,充分体现了引导型政府的职能作用。

一、政府在大学生创新创业发展中的角色

在服务型政府中,政府是促进大学生创新创业的政策制定者和执行者、公共产品和公共服务的提供者、公平公正市场秩序的守护者、大学生创新创业正当权益的保护者。其主要任务就是要优化创业环境、降低创业门槛,转变政府职能、提升服务效能,加大政策扶持、丰富创业服务,放宽市场准入,全面退出竞争性领域。根据以上分析,可以看出政府的影响力贯穿大学生创新创业发展的整个过程,而且这个影响力具有决定性、战略性、实时性的特点。

中国政府在大学生创新创业发展中的作用机制,除广义的政府组织(立法、司法、行政)外,提供公共服务产品和服务的单位还有政协、社会团体以及授权管理社会公共事务的社会中介组织,是以政府为核心、非政府公共组织为重要组成部分,在私人组织和公民广泛参与下的公共事务治理主体及由其组成的网络结构。核心主体是政府行政主管单位,作为共同体利益的代表者,对公共事务的治理承担最终责任。其他社会行为主体,包括企事业单位、公益事业单位、金融服务机构、社会中介组织,是政府授权管理社会公共事务或政府

购买服务的社会组织。政府对大学生创新创业发展的作用机制主要通过行政机关、教育行政主管部门管理的高等教育机构、行政属性的群众团体、社会中介服务机构和政府主导创建的各类公共服务平台来实现。按照行政机关职能分工，与大学生创新创业密切相关的主要有教育、科技、人力资源和社会保障部门等有关部门，涉及关于促进大学生创新创业政策的研究制定和监督实施。其中，教育部门主管基础教育体系建设，负责制定基础教育人才培养的各项政策；科技部门主管科学技术的研发和应用，负责制定科技创新的各项政策；人力资源和社会保障部门主管就业创业服务体系建设，负责制定就业创业的各项政策以及指导各类创业孵化平台的建设；税收部门负责各类税收优惠政策的落地。[①]

教育行政主管部门管理的高等教育机构。我国实施大学生创新创业教育机构主要是各高等学校、科研院所，除此之外还包括提供校外培训的各类创业辅导机构，如 KAB、SYB 等组织。其中创新人才培养是高等教育的宗旨和根本任务，高等学校是开展大学生创新创业基础教育和通识教育的核心阵地。

群众团体。群众团体是社会公共服务体系的重要组成部分，承担了大量的公共服务职能，对整体创新创业环境的构建和创新创业训练体系的建设有着举足轻重的重要作用。群众团体包括两类，一类是中国共产党领导下的各种群众性组织，如工会、共青团、妇联、科协等；另一类是为一定目的、宗旨或者因兴趣爱好相同自愿结合的群众组织，如学术团体、行业协会、商会、创业协会等。群众团体一方面可以跳出行政职能限制，充分整合各类资源，为大学生创新创业提供针对性服务；另一方面还可以通过发挥其社会组织枢纽作用，影响带动更多社会组织参与支持大学生创新创业活动。这些组织中，共青团组织与大学生创新创业的关系尤为紧密。首先，共青团及其所属的学生会组织网络垂直到班级，实现了对全体在校学生的全覆盖，有着强大的组织动员能力和号召力。其次，共青团长期以来积极参与大学生创新创业培育工作，最早引进创新创业教育理念，牵头主办的"挑战杯"大学生课外学术科技作品竞赛已成功举办25届，被誉为全国高校大学生科技创新活动的"奥林匹克"，参与热情最高，经验也最丰富。最后，共青团作为党联系青年的桥梁纽带，其工作网络

---

①黄奕.创新创业基础教育[M].北京:中国言实出版社,2020.

和服务范畴覆盖全体青年,这个特性也使其得以无视职能部门的功能限制和部门之间的技术壁垒,以灵活多样的方式统筹整合各方面的资源,搭建平台为大学生创新创业提供专项服务。

社会中介服务机构。能为大学生提供创新创业活动所需的信息服务、人才服务、技术服务、市场咨询服务、融资服务的各类中介服务机构。这一类社会中介组织是优化市场资源配置,创造公平公正竞争环境的有力法宝,是健全市场机制的重要保障。具体分类包括人才服务机构、创业孵化器、金融服务机构、会计或律师事务所、资信评估机构、信息咨询机构等。其中与政府联系比较紧密的是人才服务机构、创业孵化器和金融服务机构等政府主导设立的公共服务机构,大部分还是国有企事业单位,能为大学生创新创业提供人才、信息、技术、场地、投融资对接等服务。

各类公共服务平台。一是技术公共服务平台,以科学技术的生产应用为目标,集中力量研发产业发展所急需的关键、共性的原始技术和应用技术,探索产业发展的前瞻,并通过共用、共享研发用软硬件条件,降低大学生创新创业的技术成本和风险,同时为技术转移和各类专业技术人才培养提供可能。这一类主要为研究所、产业试制中心、检测中心等。二是创业公共服务平台,以培育孵化中小微企业为目标,通过整合各类社会资源,为初创企业提供解化场地、创业辅导、咨询服务、风险投资、技术交易等各种创业服务的综合平台。主要有创业孵化基地、孵化器等。

二、政府在大学生创新创业发展中的作用形式

(一)制定政策

根据发展需要,政府制定和完善促进大学生创新创业的各项政策措施,针对大学生创新创业发展的各方面影响因素制定激励机制,并形成制度流传下来。这些激励制度包括引导性政策、扶持性政策、优惠性政策、补贴性政策。地方政府是细化政策的具体制定者和执行者,确保政策能够接地气,得以顺利实施,解决实际问题。但是由于行政职能部门功能划分的问题,大学生就业创业的政策比较分散,很难形成统一效力,如教育部门制定高等教育扶持政策,重点都放在教学、学科建设,对大学生创新创业能力培养"想起来重要,说起来次要,做起来不要"。科技部门制定科技创新政策,重心都在企业应用创新或

科研机构原始创新,极少涉及高校的大学生创新创业能力培养。人力资源和社会保障部门制定就业创业政策,关注的焦点是高校毕业生的就业和创业,对前期的基础培养也是极少涉及。这是需要破解的难题。

(二)战略规划

整体规划布局大学生创新创业的各大公共服务体系,包括政策支持体系、课程教育体系、实践训练体系、转化孵化体系等。其中政策支持体系主体包括各级政府以及所属教育、科技、人力资源和社会保障等职能部门。课程教育体系主体在高等学校,由教育主管部门负责制定规划、监督实施。实践训练体系是以课外学习训练为主,由教育、科技、人社部门和相关教育机构和群众团体的各类项目组成。大学生创新创业支撑平台包括实践平台、竞赛平台、创业孵化平台、金融服务平台。这些平台的搭建需要政府各相关部门的合理规划、设计,并会同群团组织、社会中介组织共同打造。通过体系化建设,进一步优化市场资源配置,使各平台之间互融互通,建立一条大学生创新创业的加速通道。

(三)资源调配

资源配置是政府影响大学生创新创业工作的最有效手段,包括直接、间接两种方式。其中,直接方式包括预算安排、专项资金、财政补助等,通过资金直接投入,一方面优化资源配置增强工作底气,另一方面吸引和调动社会资金进入,形成全社会支持大学生创新创业活动的生动局面。间接方式包括其他各类行政资源投入,以及各项行政收费或税收的减免等。

(四)环境营造

大学生创新创业生态环境包括社会文化环境和市场环境。前一个环境需要政府运用强大的舆论宣传能力和潜移默化的文化影响力,在全社会逐步营造关心支持创新创业的良好氛围。后一个环境需要充分发挥市场"看不见的手"的调节作用,为大学生参与创新创业提供一个良好的社会环境。政府要更加注重创新创业战略的谋篇布局,更加注重创新创业政策的协调推进和环境营造,更加注重创新创业资源的统筹和全社会协调联动,逐步把工作重点从分配资源、行政审批转移到规划引导、统筹协调、优化服务上来。

第二节 国内外相关经验与借鉴

一、国内经验

(一)上海市大学生创新创业政策

政府高度支持、经费保障有力。上海市从2006年开始连续5年每年提供1亿元资金,支持大学生创新创业,为大学生创新创业提供了有力的支撑。专门出台《上海市大学生科技创业基金管理办法(试行)》文件,成立上海市大学生科技创业基金会,对大学生提供社会倡导、创业教育、基金资助、后续服务在内的全方位的公益服务体系。上海大学生创业基金会由上海市科技部门、人社部门、高等院校以及共青团系统共同成立,除了提供天使基金之外,还通过与风投机构建立"风险投资联盟",与民营企业建立"产业投资联盟",与担保公司、银行建立"联合担保体系",多方争取"资金",为大学生创新创业开展投融资服务。

配套服务完善、载体平台健全。积极调动各方资源,建立健全大批大学生实践基地、创新创业园区、实训平台,为实现创新人才培养目标添砖加瓦。例如,上海建设的中国(上海)创业者公共实训平台,全部免费为创业者提供创业能力实训、产品实验试制、创业企业孵化和创业指导服务,以及职业技能实训和国际培训平台服务。同济大学力争"建成一批示范基地、推出一批示范项目、培养一批示范人才",该校与芬兰政府合作建立的中芬中心作为国际创新知识平台,目标是成为国际创新知识的枢纽与引擎,内设创新创业实验室,通过宽松创意的工作方法,建立集互动与发布为一体的"微型秀场"。

创新理念前沿,创业教育深入。上海交通大学鼓励创新、宽容失败,于2010年6月正式成立创业学院,播撒创业的种子,实现"面上覆盖。点上突破",形成学生课外科技创新"生态圈"。同济大学以"打造的是一片土壤、一张温床,一种造血机制"为创新创业教育理念,注重培养学生勇于担当、敢于冒险、锐意进取、宽容失败的创新创业素质与精神。

校企政社结合紧密、协同创新成效显著。大学生创新创业工作需要政府、高校、企业、科研机构以及社会组织等各方力量的大力支持,沪、浙两地将这些支持力量有机地整合在一起,起到乘数效应,同济大学在其校园周边业已形成的"建筑设计产业带"基础上,与杨浦区共同建设"杨浦环同济知识经济圈"。环同济知识经济圈以"政府、大学、产业"合作推动区域创新性产业发展,依托同济大学优势学科群、学科链,充分发挥高校知识技术外溢、辐射效应,促进区域联动发展,达到"政府有产业需要布局可以对接高校、企业有难题需要攻关可以委托高校"的目的,实现"人才培养与企业发展的共赢,优势学科与市场需求的互补"。

共青团广泛联系、创新协同大力推进。近年来,共青团上海市委、高校各级团组织对创新创业项目积极扶持,认为创新创业最大的支撑力量是大学生,并投入了大量的人力物力,取得了较好的效果。例如共青团上海市委从整合力、传播力和生命力三个方面进行突破,牵头并与第一财经共同举办《梦想创业团》的大型季播青年创投节目,更好地传播创业精神。上海交通大学团委还对国内主要高校"挑战杯"的主要做法认真分析,总结提炼出"措施—体系—氛围—文化"四阶段模式。

(二)浙江省大学生创新创业政策

政府出力,打造创业扶持一揽子政策。杭州市政府高度重视大学生创业,出台系列文件,破除政策障碍、消除体制障碍、解除实际困难,提供包括工商注册"零首付"、入园创业"零门槛"、招聘服务"零距离"、人事代理"零费用"、无偿资助和贷款贴息、房租补贴、会展补贴等扶持政策。全市共资助创业项目1728个,资助金额达8266.8万元,房租补贴6013.84万元。杭州设立被称为"新一代创业家的黄埔军校"的杭州大学生创业学院,开设创业雏鹰班、创业强夜班、创业精英班,提供针对性①辅导等。中国杭州大学生创业大赛对于获奖项目在该市注册成立企业,符合"青蓝计划"扶持条件的,可免于评审直接予以20万元的创业启动资金。凡属于正常经营过程中出现创业失败的,按照相关程序予以核销,所获得的资金无须偿还。高校配合,将创业纳入大学教育体系。浙江大学早在2007年创办"研究生创业素质拓展班",通过创业课程、创业实践、创业项目展示和答辩即可通过,是中国最早的"学分制"创业教育课程。同时,以培养"具有国际视野高素质创新人才和未来领导者"为目标,培养体系完善,设置创业管理博士点,具备联合国教科文组织创业教育教席,设置全球创业教育专业(GEP)等。"鼓励创新、宽容失败",对于"学术新苗"采取先拨资金,允许尝试的方式,没有下达发表论文、取得专利和经济效益等相关硬性指标。浙江工商大学出台《关于印发优秀学生科技创新导师评选办法的通知》等规章制度,鼓励教师积极参加"挑战杯"等科技创新指导工作,并在职称评聘上予以适当破格。还专门发文规定把聘任制升级为评优制,为学生科技创新活动提供稳定、持续、有力的智力支持。浙江经贸职业学院投入800万元建成了3500平方米的"大学生创业园"等。在政府支持上面,浙江大学国家大学科技园的申请、全面启动建设的过程中,当地政府给予了大量的支持:专门成立了以省长为组长的浙大科技园建设领导小组,指导科技园建设,启动区块68000平方米创业场地建成并投入使用,该科技园被认定为国家高新技术创业服务中心(国家级科技企业孵化器)。政策扶持,做好大学生创业多方推手。共青团浙江省委联合省教育厅、省科技厅、省财政厅等四家主办单位实施浙江省大学生科技创新活动计划(新苗计划),每年从财政经费中安排专项资金支持大学生开展科技创新实践。2006年计划刚启动时,财政每年支持经费200万元,后来逐年增加,从2010年开始为每年1000万元。计划实施以来累计投入省财政资金5800万元。新苗计划的每个项目的资助额度一般为5000元左右,由国库集中支付到相关高等学校。学校要给予项目不低于1:1的经费配套,并明确所有项目经费全额由承担项目的学生使用。计划实施以来,浙江省高校的大学生科技创新水平得到极大提高,具体表现在全国"挑战杯"竞赛中,浙江地区高校的获奖项目逐年提高,如2013年温州医科大学、浙江大学、宁波大学、浙江工业大学四所高校捧得优胜杯,共获得2个特等奖、12个一等奖、21个二等奖和20个三等奖。[①]

二、国外经验

(一)美国:全程支持体系和创业投融资体系

完整的创新创业教育体系。美国是世界上实行创新创业教育最早,也是最成功的国家之一,现在创新创业教育业已成为美国雄踞全球创新领先地位的主要动力来源。概括来讲,美国的创新创业发展体系主要有以下特点:一是

①邓文,张明洁.大学生创新创业实用教程[M].武汉:华中科技大学出版社,2018.

多样化的创新创业教育组织机构,包括小企业管理局(SBA)、柯夫曼创业中心等。美国高校创业教育机构种类很多,有创新创业教育中心、创业家协会、创新创业研究会等,充分整合校内校外资源不断完善创新创业的教育体系。二是多渠道的创新创业资金支持。美国国家科学基金会设立了实施"小企业创新研究计划"的机构,此外还有众多支持创业的社会资金和基金会。三是全程的创新创业教育体系,从小学、初中、高中、大学乃至研究生,形成了相当完备的体系。四是丰富的创业计划大赛。美国的创新创业教育不仅限于正规的学校课程,而且还有丰富的创业活动,即第一课堂和第二课堂的有机结合。像Yahoo、Netscape等公司就是在美国校园众多的创业竞赛中脱颖而出,成长起来的。

发达的融资和创业投资体系。美国政府对经济的管理方式是以"小政府、大社会"为特点的,政府对市场不过多干预,而把主要精力放在营造公平竞争环境、引导社会力量推进经济发展方面,为此创建了一系列的动力驱动机制。一是美国政府支持小企业融资主要采取以美国小企业管理局(SBA)以及小企业投资公司(SBIC)为核心的引导商业机构、民间资本对小企业贷款或投资的间接调控模式。二是美国《小企业发展法》规定,通过实施小企业创新研究计划(SBIR),明确规定国防部、教育部、商务部等政府部门每年拨出其研究与发展经费的2.5%,用于支持高科技中小企业的技术创新与开发活动,或是直接由政府采购。三是建立了完善的多层次资本市场体系,为创业投资提供通畅的退出机制和渠道。美国除了建立发达的股票主板市场外,还建立了NASDAQ、场外交易市场、第三市场等多层次的股票交易市场,为中小微企业的投资提供了多样化的路径,这也是美国创业投资市场活跃的重要原因。

(二)英国:知识驱动型经济发展战略

英国政府推出的培育高素质人才和增进高校与企业间合作的三项措施如下。"延伸基金"是英国技术工业部、教育就业指导部和高等教育基金委员会联合发起的一项每年用2000万英镑推动和奖励高校与企业合作的基金。该基金鼓励高校与企业建立产学研合作机制,为高校自身科研成果的商业化、产业化提供资金支持,是在现有高校教学研究基金之外建立的一项永久性资金支持项目。"高校挑战基金"是英国在1999年建立的一项总额为4500万英镑的政府引导基金,旨在帮助高校建起自己的种子基金,推动大学基础研究和应用研究的商业化。种子基金可以采取多种方式促进商业化,包括提高管理技巧、融通资本、知识产权保护或提高知识产权估值、支持额外的研究与开发计划等。在规定的使用范围内,学校有权决定基金的用途。政府会定期关注其运行状况,但不期待任何直接经济回报。"欧盟研究和创新框架计划"是旨在推动欧盟成员国之间企业与高校、科研机构间的合作的跨国科技合作计划。英国是该计划的主要支持者,亦是其受益者,在第四框架计划(FP4)中,英国的高校和企业(各种规模)每年可利用该计划资金3亿英镑。欧盟第八个研究和创新框架计划于2014年1月起实施,7年计划预算总额为702亿欧元,时间跨度2014—2020年,该计划主要由"社会挑战""科学卓越"和"工业领先"三部分组成。第一部分侧重于投资卫生、能源、交通、环保、安全、研究等领域;第二部分侧重于资助高级科研人员,投资未来技术工艺和培养科研人员;第三部分侧重于投资生物技术与空间技术,吸引风险投资和支持中小型创新企业。这三部分在总预算中所占比例最大,分别为39%、32%和22%。

(三)国内外主要经验的借鉴

国内外在支持青少年创新教育和创新创业方面的政策是多样、全面的,而且都处于不断地调整和完善中。总体上,这些政策表现了如下4个特点。一是以健全的法律体系为基础。如美国,为了推动人才培养和创新教育,在相关的教育政策以及教育主管部门颁发的文件中,均对创新教育予以强调。二是以高效的金融支持为手段。对创新创业教育和科研,政府采取直接资助的形式予以支持,每年投入大量的经费,保证创新创业教育和科研的连续性。对中小企业创新创业,政府实施财政税收优惠政策,并通过财政专项补贴和财政低息贷款提供直接资金支持,除此之外还注重以间接支持的形式,使中小企业科技创新的资金需求能够按照市场竞争规律得到满足。三是以完善的服务体系为支撑。创新创业教育和实践不仅需要完备的法律基础和充足的资金支持,更需要在信息获取、技术支持以及成果转化等方面获得全面的服务。政府对创新创业活动的服务体系,其主要作用在于促进高校、科研中心、中小企业等各类创新活动主体之间建立相互协调的组织机制和合作共享的伙伴关系,推动创新知识和资源的集成、转移及分享,使相对独立的各类主体有机联结起来,促成"教育—科研—技术应用和推广"紧密结合的科技创新开发联盟,降低创新活动的成本,实现创新活动经济效益的最大化。四是以多种非政府力量为补充。在以政府为主导推动的同时,充分借助来自各类非政府组织的力量,营造有利于创新活动的外部环境。特别是注重风险投资机制的运用,通过一定的导向和保障措施吸引社会资金以风险投资的方式进入创新领域。

这些先进工作经验,对推动完善政府支持大学生创新创业政策扶持体系提供了许多可借鉴的经验。首先,政府应当是推进大学生创新创业发展的责任主体,负责制定完备的促进创新创业法律体系、政策支撑体系和市场服务体系,负责构建政府、高校、社会三位一体的促进大学生创新创业服务体系。其次,要充分发挥市场在引导、规范大学生创新创业行为中的作用,特别是要发挥好金融的杠杆手段推进创新创业活动的市场化、产业化发展。最后,社会组织在大学生创新创业发展中具有不可替代的促进作用,能为创新创业活动营造良好氛围,提供生生不息的原创动力。

第三节　促进高校创新创业人才培养中政府保障作用优化的建议

一、强化宏观调控,制定促进大学生创新创业的政策扶持体系

(一)制定出台促进大学生创新创业的政策意见

制定促进大学生创新创业的政策,包括引导性、扶持性、优惠性、补贴性政策,并以文件的形式,通过省政府的名义下发,正式把这项工作列入日程表。在引导性政策方面,制定专门针对大学生的政策实施意见,将创新创业列入高校改革发展目录,并将创新创业作为高校教学质量评估的一项重要依据。研究制定促进大学生创新创业的法律法规,并将大学生创新创业发展纳入经济和社会发展总体规划,列入一般公共财政预算体系,形成强有力的政策和制度保障。在扶持性政策方面,在省财政安排创新创业专项资金,充分发挥资金杠杆作用,通过一般性预算安排、竞争性安排、后补助等多种方式,重点支持各类

服务大学生创新创业的平台和体系建设,并吸引调动社会资金注资大学生创新创业。开发多种资金补助方式,如面向中小微企业的创新券补助政策,建立大学生创新创业风险补偿机制(或者对孵化器的风险补偿机制)。要求高校开发一批高质量的科研创新成果,推动学科和重点实验室建设,并推动科研实验室、公共实验室向大学生开放。

在优惠性政策方面,制定大学生创新创业的系列优惠性政策,在费用减免、税收优惠、资源保障等方面给予大力支持。减免大学生创新创业项目在工商注册、登记托管等各方面的行政收费事项,简化工商和各项优惠政策申请流程,减少审批环节,开发多种申报途径,注重政策落地。在补贴性政策方面,制定大学生创新创业的系列补贴性政策,包括场地租金补贴、小额贷款补贴、金融扶持政策。探索建立大学生创新型创业企业的认定机制,对这类企业给予一次性的资金奖励。①

(二)降低大学生创新创业准入门槛和运营成本

降低市场准入门槛。优化大学生知识产权申请资助政策,对大学生创新创业项目申请专利予以减免手续费和缩短审批周期。重点建立一批与新业态相关联的实验室、实训中心、试制中心、检测中心等公共服务平台,并向大学生免费开放,降低大学生参与创新创业活动的风险和成本。根据大众创业、互联网创业、微创业的新常态,进一步精简和规范工商、质监、税务等商事登记审批流程,开辟绿色通道,降低登记注册门槛,放宽市场主体准入,为大学生创新创业提供针对性服务。

继续深化税费减免和优惠政策。建立简单易操作的大学生创新创业企业认定办法,对完成认定的大学生创新创业企业,继续免收登记类、证照类、管理类和工会费等行政事业性收费,最长不超过3年。探索减免行政事业单位的服务性收费,包括各类行政审批前置性、强制性评估、检测、论证等专业服务收费,收取标准最高不超过物价主管部门核定标准的50%。各级公共就业人才服务机构为属地大学生创新创业企业提供人事关系及档案保管服务的应免除前3年服务费。

---

① 杨秀冬.当代高职大学生创新创业能力培养研究[M].北京:九州出版社,2018.

(三)加大大学生创新创业财政扶持力度

落实各项补贴和资助政策。继续设立大学生科技创新培育专项资金(攀登计划专项资金),充分发挥资金导向作用,鼓励和支持大学生开展科技创新实践研究,提高高校学生科技创新学术氛围。深化实施大学生创业引领计划,重点推进各项工作内容的落地实施,将各项扶持大学生创业财政补贴政策落到实处。通过资金补助的方式鼓励有条件的高校、创业教育机构、孵化器平台、群团组织等开发适合大学生的创新创业培训(实训)项目。对入驻各级政府主办的创新创业公共服务平台的大学生创新创业项目,给予一定面积的三年期场地租金减免。对租用经营性场地创业的,可凭大学生创新创业相关证明和经营场地租赁合同申请租金补贴,补助资金在各地级市财政中列支,最长3年。对获得省级及以上创新创业大赛(包括其他省市省级比赛)最高奖项并在各地转化落地的大学生创新创业项目,每个项目可给予一次性5万—20万元资助,所需资金从各地就业专项资金列支,具体补贴标准和申请办法由各地政府就业主管部门制定并实施。建立和完善大学生创新创业小额担保贷款贴息补助,鼓励和支持各类商业银行开发各类小微企业贷款产品。

二、强化战略规划,把促进大学生创新创业工作列入创新发展战略

(一)建立省级促进大学生创新创业工作议事协调机构

成立省级促进大学生创新创业工作议事协调机构,由省政府领导担任牵头人,成员由各行政主管部门、群团组织、科研机构和部分代表性高校主要负责同志组成,各地可参照省级做法成立地方议事协调机构。省市议事协调机构的主要任务是把促进大学生创新创业作为省市创新驱动发展战略的一项重要内容,写进政府工作报告和发展规划纲要,从战略高度谋划、设计各项促进大学生创新创业的政策措施,建立健全各项法规制度,并监督政策的有效执行。该议事协调机构的主要任务包括但不限于以下四项:

一是研究制定促进大学生创新创业的政策法规以及发展规划;

二是明确各相关单位、组织在促进大学生创新创业发展中的工作任务和职能定位,并建立目标考核要求;

三是作为协调机构,协调和监督各项重点工作的组织实施;

四是研究解决政府创新创业资源配置行政化、效率不高的问题,把各行政

职能部门的资源整合起来,支持大学生创新创业。

(二)指导高校建立和健全大学生创新创业工作机制

将创新创业教育纳入高校教学改革目标,进一步明确高校考核要求,对不同类型的学校进行针对性指导。高校应成立校领导担任组长的创新创业领导小组,结合学校学科建设规划、队伍建设规划和平台建设规划,制订相关计划,出台相应的措施,对全校创新创业教育体系进行统筹规划,完善制定各项工作制度和操作规程。在高校设立"大学生创新创业基金",用于资助学生开展创新创业实践和参与相关竞赛,奖励取得实质性成果和在相关竞赛中获奖的学生、指导老师和相关科系。在高校创建大学生创新创业实践基地,推动有市场前景的学生创新创业成果的转让和孵化,加速其产业化。

指导高校将创新创业课程纳入学分管理,并贯穿于人才培养的全过程。在有条件的高校新建或合建创新创业教育学院,条件不足的高校可先探索建立创新创业教研室或相应的研究机构,并鼓励高校开发各类实用性的、可供推广的创新创业教材、教具和教学方式。在高校积极推广KAB创新创业课程培养模式。

鼓励高校建立促进大学生创新创业的校内激励机制,包括教师和学生的激励机制。对做出贡献的导师,在工作量认定、待遇报酬以及荣誉表彰等方面给予激励,把教师指导学生创新创业获得的奖项等同于同级别的教学成果奖,把指导学生参加课外创新创业竞赛或训练活动列入教师职称评定、岗位评定和职级评定的要求中。

(三)加大财政对高校创新创业教育改革的引导力度

由省财政安排创新创业教育改革专项资金,以奖代补鼓励高校建立和健全大学生创新创业工作机制。在高水平大学建设专项资金申报中单列项目支持高校开展拔尖创新人才培养工程。把民办高等学校、高职院校纳入高等教育创新强校工程,推进不同层次、不同类型的高等学校争创一流、打造特色,构建协同创新机制。完善高等学校科技成果转化激励机制,鼓励高校积极转化职务科研成果,对科研负责人可以股份或出资比例等股权形式给予个人奖励,相关行政管理部门应给予股权确认,并免征个人所得税。

探索建立省级大学生创新创业教育学院,作为理论智库重点研究和推进高校创新创业教育课程体系和教学评估体系建设。其主要工作内容包括开展创新创业教育相关研究,指导各高校创新创业教育学院工作,开展创新创业师资培训,开展高校创新创业校际交流与合作。在省级大学生创新创业教育学院下设资源共享中心,整合省内高校教育资源,实现科技文献、科学数据和仪器设备等资源的开放共享,提高资源有效利用率。

三、加大资源投入,建立健全大学生创新创业公共服务体系

(一)设立大学生创新创业政府引导基金

参照上海每年安排1亿元设立大学生科技创业基金的模式,每年在省财政就业专项资金中安排不少于2亿元的资金,设立大学生创新创业引导基金,用于资助各类服务大学生创新创业的风险投资基金或直接为大学生创新创业提供资金扶持。基金可以基金会的形式独立运作,并吸收社会资金参与接力扶持,引入市场力量和市场机制,综合运用子基金、风险补偿、绩效奖励等多种投入方式,建立覆盖创新创业链的多元化投入机制。在基金运营中应把握以下三个方向。一是要提高基金投入质量。加强对基金投入的前端控制,尤其注意对符合国情省情的高精尖科技行业和第三产业的扶持。二是拓展基金辐射边界。科技是核心,坚持核心的同时也可以兼顾其他的一些创业类型,比如创意类、文化类等。三是要完善基金退出机制。政府起牵头引领作用,真正的企业运作要退让给市场,在基金资助下的企业,政府资金可根据实际情况按照退出机制或股份制,对企业进行进一步管理和扶植。鼓励各地发起设立各类支持大学生创新创业的引导基金,充分发挥引导基金的导向和杠杆作用,探索通过直接融资、风险担保、贷款贴息等多种方式,引领更多的社会资本进入大学生创业投资领域。搭建竞赛与金融市场的对接机制,建立风险投资与公共服务平台的联动和接力,为大学生创新创业项目提供资金支持。

(二)建设大学生创新创业综合金融服务平台

把"青创板"股权众筹平台建设成为全国性的平台,面向全国大学生的创新创业项目和企业提供培育孵化、挂牌展示、投融资对接等综合金融服务,探索建立资本市场支持大学生创新创业的合作机制。出台支持青创板发展的政策意见,把青创板作为深化金融创新发展、加快科技创新的一项重要内容。在

资金支持方面,安排青创板建设专项资金,用于支持系统软硬件建设、宣传推广、辅导培育体系建设、融资服务体系建设和重点课题研究等。安排大学生创新创业专项资金,专项扶持青创板挂牌项目。在政策支持方面,建立促进青年大学生创新创业的金融扶持政策,包括设立青年创业小额贷款公司,鼓励各类担保资源向青创板挂牌的项目(企业)倾斜;支持保险公司创新设立青年大学生创业保险产品;鼓励上市公司、新三板挂牌企业参与青创板项目培育和产业并购等。对青创板挂牌企业给予创业初期税收优惠、债权融资贴息,对研发投入大的高科技研发型项目给予专项技术扶持资金,营造良好环境。鼓励国家级高新技术开发区和各产业园区设立大学生创新创业孵化基地,支持青创板项目落地孵化,并给予租金优惠、资金扶持。积极引导银行、证券、保险以及股权交易等金融机构为大学生创新创业提供特色金融产品和服务。

(三)建设大学生创新创业公共服务平台

综合运用政府购买服务、无偿资助、业务奖励等方式,支持公共服务平台和服务机构建设。充分发挥创业园、科技园、行业领军企业、创业投资机构、社会组织等社会力量,广泛打造一批省、市及高校的面向青年大学生的"青创空间"创业孵化平台,为大学生中小微创新创业企业成长发展提供低成本、便利化、全要素、开放式的创新创业综合服务,包括且不限于信息咨询、资产评估、财务顾问、产权交易等各类中介服务,在提供场地、减免税款、贷款优惠、资金提供等方面,为大学生创业保驾护航。针对"青创空间"孵化平台集中办公的特点,探索将"青创空间"打造成为政府各项补贴政策的落地服务窗口,为创业企业工商注册、申办各类优惠政策和扶持政策提供便利。一方面解决行政力量不足的问题,依托公共服务平台开展申请受理和集中办理;另一方面激发公共服务平台活力,丰富服务功能,最终实现解决政策落地最后1公里的问题。

建立大学生创新创业实训基地,并挂牌大学生创新创业孵化服务中心,在基地中创建一批与新兴产业相关联的实验室、检测中心、试制中心,免费或以低于市场价格的方式向青年创业者提供技术服务,整体降低大学生参与创新创业活动的风险和成本。在各类大学生创新创业"青创空间"建立公共服务平台,为创新创业大学生提供咨询培训、项目跟踪、申办文件编制、专利申请和代理登记等各种服务,为落地孵化的大学生创新创业企业提供政策咨询、法律服务、会计(税务)代理、产权登记保护、融资指导、技术支持和行政审批代理等服务。鼓励公共服务平台吸纳各类社会评估机构参与评估创新创业项目,定期开展创新创业项目的宣传、展示、推介和路演。鼓励社团组织、行业协会和各类公共服务机构开发公共网站,为大学生创新创业提供远程培训、网络模拟实践和共享资源库等信息服务。

(四)建设大学生创新创业实践训练平台

指导高校充分用好大学生科技创新培育专项资金(攀登计划专项资金)、大学生创新创业训练计划等项目平台,大力开展大学生创新创业实训活动,并重点依托省产学研协同创新平台覆盖计划培育出的一批协同创新研究中心、产业研究开发院、行业技术中心等新型研发组织,以及高校重点实验室、工程研究中心、国际合作平台、专业性研究院等创新平台,组织大学生开展以"新业态"项目为特征的创新创业训练。鼓励高校为学生创新创业训练提供必要的场地和经费保障,并结合实际,统筹安排实训资源,有针对性地制订学校层面的创新创业专项训练(实训)计划。引导、鼓励和支持大学生成立学生创业协会、学生科技创新协会等相应的学生组织,组织开展创新创业训练活动。确保学生在校期间至少参与一次创新创业训练活动,力求达到学生100%全覆盖。

支持共青团等组织开展"挑战杯"大学生课外学术科技作品竞赛、"创青春"大学生创业大赛、青年创新创业大赛等一系列大学生创新创业竞赛活动。梳理各类创新创业竞赛,划分层级,分门别类,引导不同阶段、不同年级学生参与创新创业训练及竞赛,以赛促学、以赛促创、以赛促研、以赛促教、以赛促建,不断强化创新创业赛事的创新育人功能。各高校要建立竞赛作品数据库,健全竞赛优秀成果与资金、市场、政策、企业等对接机制,不断提升各类创新创业竞赛的作品转化率。

支持高校把大学科技园打造成为中小微科技企业的前孵化器,在建设用地保障、建设后补助、风险补偿金等方面加大政策扶持力度,将其进一步打造成为政府扶持政策的对接平台、创新人才的支撑平台、创新技术的服务平台、企业信息服务的综合平台。继续实施科技特派员制度,实施一校一镇、一院一镇科技特派团行动,组织高校专业教师带领大学生到专业镇开展科技创新服务,推动教学实践与社会需求紧密对接。鼓励各类新型研发机构吸收大学生科技创新人才实习见习。

四、注重环境营造，在全社会形成支持大学生创新创业的工作氛围

（一）鼓励企业与高校建立创新平台

鼓励各地与高校围绕产业转型升级搭建创新创业服务平台，引导创新型大学生人才向企业集聚，借助企业资源开展大学生创新创业训练。鼓励企业与高校依托共建的创新平台，联合开展具有产业前景的大学生科技创新项目研究，推进校企的协同创新。鼓励企业在创新平台为大学生设置实习、实训、项目开发等各类岗位，推进校企协同育人，为大学生营造创新创业的良好氛围。鼓励科技特派员带领学生研究团队到企业开展项目实训，推动科技成果转化。

鼓励高校建立大学生创新创业"双导师制"，在校内为大学生配备熟悉大学生创新创业教学计划、各教学环节关系和培养目标的教师作为校内导师，在校外科研单位、协会、企业等单位选聘具有丰富的创新创业实践经验的专家作为校外导师，共同培养、指导大学生开展创新创业活动，培养大学生的创新素养、创业素质和创新创业能力。鼓励校外导师利用工作资源和自身业务，把社会项目引入高校，转变为大学生创新创业项目，与大学生开展项目研究对接，探索大学生创新创业项目的商业运作和社会价值实现的方式和路径。

（二）加强国内外创新创业领域的校级交流

制订对外交流计划，鼓励省内高校与国外大学、科研机构和企业开展创新人才培养合作和交流，以此提高省内大学生的学术水平和创新能力。鼓励省内高校与国外、境外学校和机构联合举办各类科技创新竞赛，举办大学生科技创新项目分享会，推动大学生参与科技攻关项目的实操实训，提高大学生开展科技项目研究的能力和技术水平。鼓励有条件的高校教师带领学生参与全球或区域性的科技合作计划，联合申报课题和发表高水平科研论文。鼓励高校实验室、大型科学仪器设备、基础性科技数据库和资源库向全省高校学生的开放、集成和共享，在广州大学城这个高校资源比较集中的地方探索高校教学实验资源共享的协同创新机制。搭建"两岸四地"大学生创新创业成果展示平台，深化粤港澳台大学生的创新创业交流。

(三)营造促进大学生创新创业舆论氛围

加大舆论宣传力度,通过各种媒体和渠道,宣传大学生创新创业政策,扩大政策的影响力和认知度。一是建立大学生创新创业服务网站,该网站由官方创建的大学生创业服务(孵化)中心负责管理运营。利用现有的大学生创新创业的相关网络平台和各培训机构、高校的创业网站进行整合和完善,为我省大学生创业提高宣传服务。该网站将作为大学生创新创业的各类政策宣传窗口、优惠政策申办窗口。鼓励各类社会机构和组织建立各类大学生创新创业服务网站,为大学生开展创新创业线上培训、信息咨询服务等。二是利用大学生创新创业竞赛和各类公共服务平台作为载体进行重点的大学生创新创业政策、服务、创业知识的宣传,在社会营造激励和支持大学生开展创新创业的氛围。三是支持大学生创新创业公共服务平台开展"三创"即创新、创意、创业的各类活动,让更多的人有机会创新创业,让创新创业成为时代强音。四是营造鼓励创新、宽容失败的社会环境,在全社会倡导尊重劳动、尊重知识、尊重创造、尊重人才的人文精神。充分发挥媒体宣传和舆论引导作用,集中报道一批大学生创新创业先进事迹,树立一批典型人物,让创新创业成为时尚,倡导企业家精神和创客文化,树立崇尚创新、创业致富的价值导向,鼓励大学生将各种奇思妙想、创新创意转化为创新创业活动,让大众创业、万众创新从校园兴起并在全社会蔚然成风。

从大学生创新创业发展中政府发挥的四个作用形式出发,提出在促进大学生创新创业发展中政府作用优化的建议。在政策制定方面,制定和完善促进大学生创新创业发展的政策体系。在战略规划方面,完善省级、校级两级工作机制建设,并充分发挥财政引导力度鼓励高校发展大学生创新创业。在资源配置方面,重点投入和支持大学生创新创业发展的公共服务体系建设。在环境营造方面,着重营造全社会共同参与支持大学生创新创业发展的氛围。

参考文献

[1]曹爱霞.新工科视域下应用型高校创新创业型人才培养模式研究[M].延吉:延边大学出版社,2018.

[2]陈敬良,魏景赋,李琴.创新与创业教育——理论与实践探索[M].上海:复旦大学出版社,2012.

[3]单林波.大学生创新创业思维与方法研究[M].北京:中国商务出版社,2020.

[4]邓文,张明洁.大学生创新创业实用教程[M].武汉:华中科技大学出版社,2018.

[5]邓向荣,刘燕玲.大学生创新创业[M].北京:北京理工大学出版社,2020.

[6]傅安洲,王林清,易明.大学生创新创业教育的理论与实践[M].武汉:中国地质大学出版社,2015.

[7]葛海燕,荣芳倩,冯丽霞.新时期大学生就业创业教育研究[M].北京:海洋出版社,2014.

[8]葛茂奎.大学生创新创业教育与探索[M].长春:吉林出版集团股份有限公司,2018.

[9]耿丽微,赵春辉,张子谦.高校大学生创新能力培养与创业教育研究[M].成都:电子科技大学出版社,2017.

[10]顾明远,鲍东明.创新创业教育研究[M].上海:上海教育出版社,2019.

[11]郭志辉.大学生创新创业教育研究[M].成都:电子科技大学出版社,2016.

[12]侯东东."新工科"背景下大学生创新创业教育及其支持体系的理论

探讨与研究[M].成都:电子科技大学出版社,2019.

[13]胡松年.国外大学生创业教育的发展与特点[J].高教发展与评估,2010（4）:13-17.

[14]黄奕.创新创业基础教育[M].北京:中国言实出版社,2020.

[15]李国辉.高校跨学科复合型创新创业人才培养模式研究[M].长春:吉林文史出版社,2019.

[16]李雪梅,蒋占四.创新·创客与人才培养[M].西安:西安电子科技大学出版社,2017.

[17]潘斌.高校创新创业人才培养模式研究[M].北京/西安:世界图书出版公司,2018.

[18]戚雪娟,杨景胜."互联网+"背景下大学生创新创业研究[M].北京:中国原子能出版社,2018.

[19]万长云,张雪青.层级式创业教育与大学生就业[M].北京:冶金工业出版社,2019.

[20]项勇,黄佳祯,王唯杰.大学生创新创业素质培养机制研究[M].北京:中国经济出版社,2017.

[21]杨秀冬.当代高职大学生创新创业能力培养研究[M].北京:九州出版社,2018.

[22]詹跃明,夏成宇.大学生创新创业基础[M].重庆:重庆大学出版社,2018.

[23]郑彦云.大学生创新创业能力培养[M].广州:暨南大学出版社,2017.